W0337112

Les PIRATES

Traduction et adaptation Ariane Bataille

NATHAN

Édition originale parue sous le titre
The Best-Ever Book of Pirates
Première édition : Kingfisher, 1997
Copyright © Larousse plc, 1997

Pour l'édition française :
Copyright © Éditions Nathan,
Paris-France, 1997

Conforme à la loi n°49-956 du 16 juillet 1949 sur les publications destinées à la jeunesse.

Tous droits réservés. Toute reproduction de cet ouvrage ou partie de cet ouvrage, la photocopie, l'enregistrement, ou toute autre forme de stockage et gestion de données, est interdite, sauf autorisation écrite du détenteur des droits de reproduction.

ISBN : 2-09-240358-3
N° d'éditeur : 100 73 011

Auteur : Philip Sterle
Consultant : David Cordingly
Recherche iconographique :
Image Select
Traduction et adaptation :
Françoise Fauchet

Composition : PFC-Dole
Imprimé en Chine

SOMMAIRE

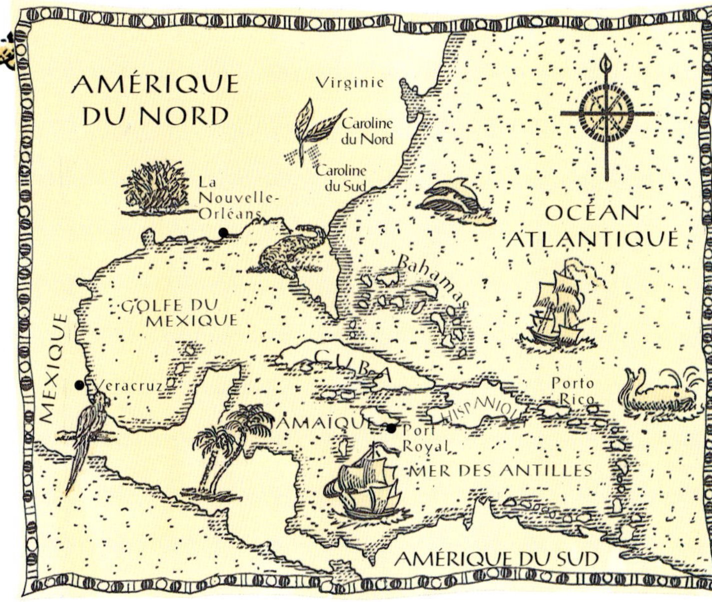
AMÉRIQUE DU NORD
Virginie
Caroline du Nord
Caroline du Sud
La Nouvelle-Orléans
OCÉAN ATLANTIQUE
Bahamas
GOLFE DU MEXIQUE
MEXIQUE
Veracruz
CUBA
Porto Rico
Port Royal
MER DES ANTILLES
AMÉRIQUE DU SUD

PIRATES ET CORSAIRES

Le terme « pirate » date de l'Antiquité grecque, il y a plus de deux mille ans. Il signifiait « assaillant ». Aujourd'hui, il désigne encore les marins qui attaquent les bateaux et pillent le littoral.

Les boucaniers qui fourmillent sur ce navire marchand écumèrent les Antilles de 1630 environ à 1697. Souvent brutaux et avides, ces pirates étaient pour la plupart des hommes désespérés qui cherchaient ainsi à échapper à la condition misérable des marins ou des pauvres ouvriers des plantations. Il y a trois siècles, la flibuste rassemblait dans la mer des Antilles des Africains ayant fui l'esclavage ainsi que des hors-la-loi originaires d'Europe et des Amériques.

▲ Cette ancienne carte maritime illustre l'attaque contre Cartagena menée par Francis Drake en 1586. Il y a quatre siècles, ce port de Colombie accueillait les galions espagnols. En 1581, Francis Drake fut anobli par la reine Élisabeth Ire. Pour les Anglais, il était un héros, mais pour les Espagnols, il n'était qu'un pirate.

Il existe de nombreux mots pour désigner les pirates. Corsaires, boucaniers, flibustiers, forbans... tous étaient pirates. Parfois, les armateurs privés étaient habilités par leur gouvernement à attaquer les navires marchands des pays avec lesquels ils étaient en guerre. Ces pirates légaux, appelés « corsaires », partageaient leur butin avec les autorités. De nombreux marins respectables, tel Francis Drake, se firent pirates de temps à autre. Et de nombreux États financèrent secrètement des expéditions pirates, moyennant le partage du butin !

Vestiges du passé

Comment connaît-on la vérité sur la piraterie ? Les histoires de pirates et de trésors enfouis ne sont souvent que des légendes. Comment prouver la date et le lieu d'un sabordage ? À terre, les archéologues peuvent mettre au jour et dater les vestiges du passé grâce aux fouilles. L'archéologie sous-marine est plus ardue : les épaves sont parfois enterrées ou éparpillées au fond de la mer ; le travail des plongeurs est souvent dangereux.

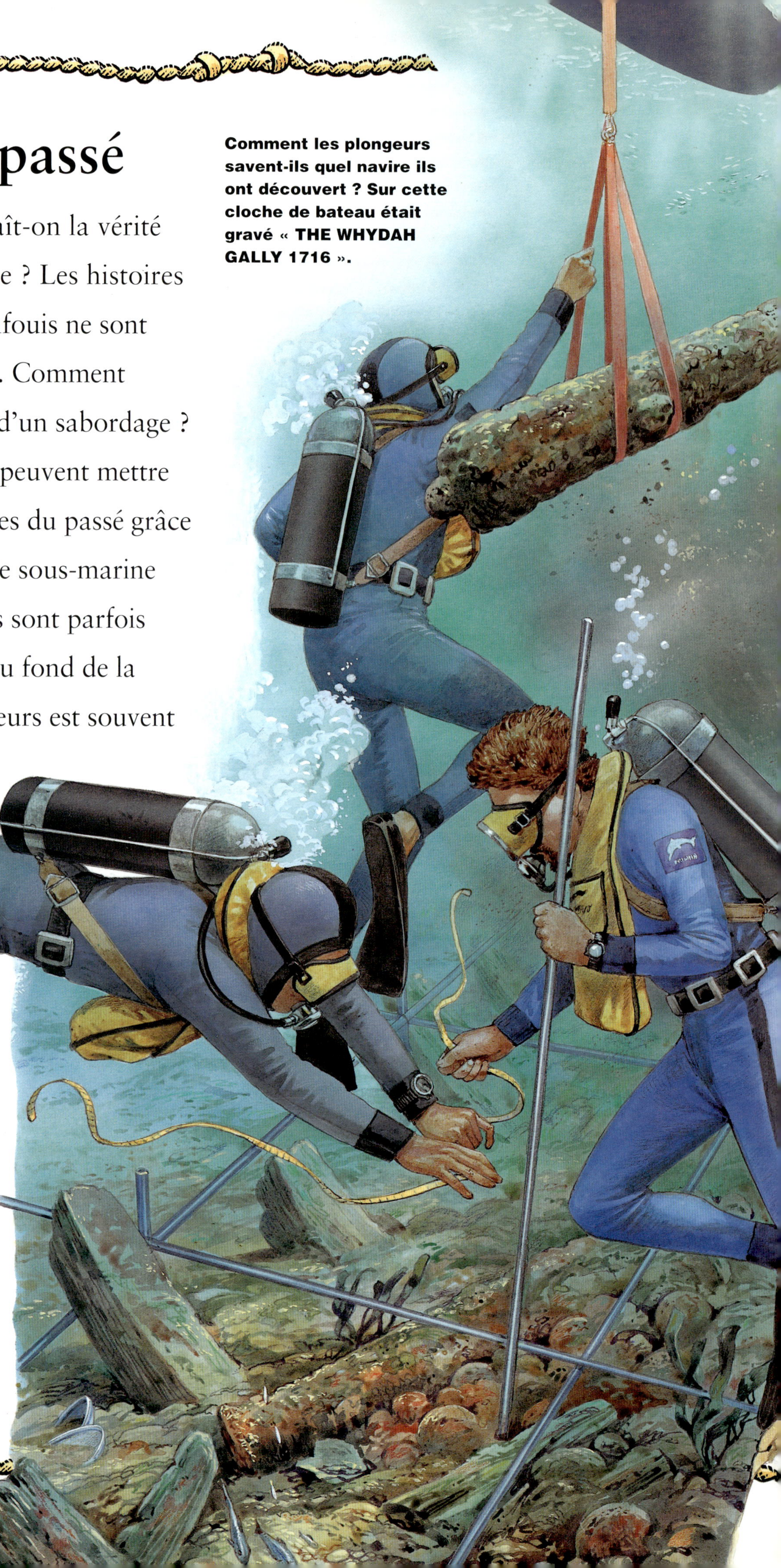

Comment les plongeurs savent-ils quel navire ils ont découvert ? Sur cette cloche de bateau était gravé « THE WHYDAH GALLY 1716 ».

Archéologie sous-marine

Le navire anglais *Whydah* transportait des esclaves, du sucre, de l'indigo et de l'ivoire. En février 1717, il fut pris par le pirate Sam Bellamy. Il sombra en avril 1717 lors d'une tempête au large du cap Cod, en Amérique du Nord. Malgré la faible profondeur des eaux, il demeura enfoui dans le sol durant 266 ans.

Documents pirates

Certains boucaniers des XVIIe et XVIIIe siècles, tels Basil Ringrose et William Dampier, nous ont laissé des journaux de bord, des cartes et des récits. En 1678, le boucanier flamand Alexandre Olivier Exquemelin publia une histoire des boucaniers des Antilles, demeuré le plus célèbre témoignage sur la piraterie.

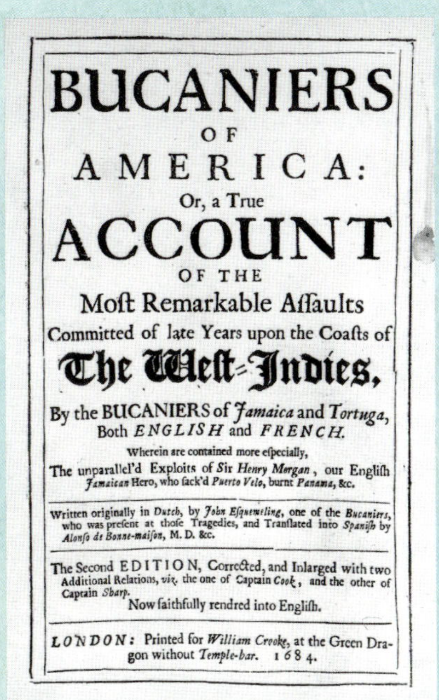

BUCANIERS
OF
AMERICA:
Or, a True
ACCOUNT
OF THE
Moſt Remarkable Aſſaults
Committed of late Years upon the Coaſts of
The Weſt-Indies,
By the BUCANIERS of *Jamaica* and *Tortuga*,
Both *ENGLISH* and *FRENCH*.
Wherein are contained more eſpecially,
The unparallel'd Exploits of *Sir Henry Morgan*, our Engliſh *Jamaican* Hero, who ſack'd *Puerto Velo*, burnt *Panama*, &c.

Written originally in *Dutch*, by *John Eſquemeling*, one of the *Bucaniers*, who was preſent at thoſe Tragedies, and Tranſlated into *Spaniſh* by *Alonſo de Bonne-maiſon*, M. D. &c.

The Second EDITION, Corrected, and Inlarged with two Additional Relations, *viz.* the one of Captain *Cook*, and the other of Captain *Sharp*.
Now faithfully rendred into Engliſh.

LONDON: Printed for *William Crooke*, at the Green Dragon without *Temple-bar*. 1684.

Les inscriptions, les tombes et les livres anciens nous renseignent également sur le passé. Néanmoins, il ne faut pas croire tout ce qui est écrit. Certains auteurs ont exagéré les faits ou faussement prétendu combattre la piraterie. Les pirates figurent aussi dans les anciens registres des procès et des exécutions des tribunaux. Au XVIIe siècle et au début du XVIIIe, les terres d'Amérique du Nord et des Antilles étaient des colonies européennes. Les gouverneurs rédigeaient des rapports sur la flibuste que l'on peut encore lire aujourd'hui.

◄ L'épave du *Whydah* fut découverte en 1983 par le plongeur américain Barry Clifford. À la place de sa cargaison, le navire renfermait le trésor du pirate Bellamy : pièces d'or et d'argent, lingots d'or, débris d'épées, de mousquets et de pistolets, canons et grenades, ainsi qu'une bourse et une chaussure en cuir.

Découverts à terre

Grâce aux fouilles, nous connaissons la vie quotidienne des pirates installés dans les ports ou sur les îles lointaines. À Port Royal, repaire de pirates jamaïcain détruit par un séisme en 1692, on a découvert des bouteilles de rhum, des chopes, des bougeoirs, des cuillères et des boucles de ceinture.

▲ Du temps de Rome, les soldats pourchassaient les pirates dans des galères, de longs navires à rames et à voile unique. Le rostre à l'avant leur permettait de couler les navires ennemis. Mais les pirates étaient souvent victorieux.

◄ Les pirates ciliciens étaient célèbres dans toute la Méditerranée pour leur cruauté. Ils avaient en effet coutume d'attacher leurs prisonniers dos à dos pour les jeter à la mer.

TERREUR EN EUROPE

Dans l'Antiquité, les peuples de la Méditerranée, tels les Phéniciens, les Crétois et les Grecs, étaient d'excellents marins – et pirates. Quittant leurs cités ceintes par les montagnes ou la mer, les Grecs cinglèrent jusqu'en Italie, en France et en Espagne à la recherche de nouvelles terres. C'est ainsi qu'il y a plus de 2 500 ans, les îles Éoliennes devinrent le repaire des pirates hellènes.

▼ En l'an 250, l'Empire romain recouvrait largement l'Europe et une partie de l'Asie. La marine romaine régnait sur les mers. Cent cinquante ans plus tard, son pouvoir s'affaiblit. Chassées des îles Britanniques, les troupes romaines cédèrent la place aux pirates saxons et irlandais.

César prisonnier

En 78 av. J.-C., un jeune aristocrate romain du nom de Jules César participait à une opération navale contre les pirates de Cilicie, dans l'actuelle Turquie. Les pirates le capturèrent et le gardèrent en otage sur l'île de Pharmacuse jusqu'au versement d'une grosse rançon. Ils continuèrent à semer la terreur en Méditerranée pendant onze ans avant d'être vaincus par Pompée, célèbre général de Rome. Près de dix mille pirates furent tués et vingt mille autres capturés.

La fureur viking

En l'an 789, les îles britanniques subirent la première attaque des pirates scandinaves. Ces ancêtres des actuels Danois, Norvégiens et Suédois, baptisés « Vikings » en raison du terme qu'ils employaient pour « pillage », vivaient de la pêche, de l'agriculture et du commerce. Mais les conditions étaient si rudes dans leurs pays qu'ils partaient piller les navires et les villes à l'étranger.

Ennemis de Dieu
Les Vikings méprisaient les paisibles moines chrétiens. Les abbayes et les églises d'Europe occidentale devinrent des proies faciles. Quand les pirates débarquaient de leurs drakkars, les moines fuyaient avec le trésor de l'église.

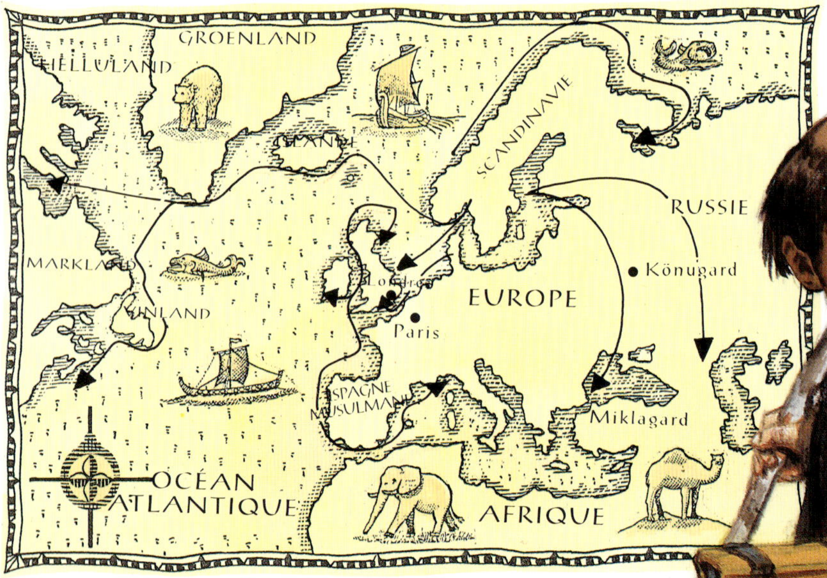

▲ Les Vikings terrorisèrent le monde entier durant trois siècles. Ils pillèrent l'Angleterre, l'Irlande et la France, puis cinglèrent à l'ouest jusqu'en Islande, au Groenland et en Amérique du Nord, et au sud jusqu'en Méditerranée. Ayant colonisé la Russie, ils remontèrent les fleuves d'Europe de l'Est jusqu'à Miklagard (actuelle Istanbul). Les Irlandais finirent par les vaincre lors de la bataille de Clontarf en 1014.

Les guerriers vikings se qualifiaient de « fous furieux » : ils se déchaînaient au combat, brûlant, tuant et pillant. Ils faisaient aussi des prisonniers qu'ils vendaient comme esclaves. Mais tous les Vikings n'étaient pas aussi cruels. Souvent, ils fondaient de nouvelles villes dans les pays attaqués.

◀ Les pirates vikings portaient des casques en cuir ou en fer, des boucliers en bois, et parfois des cottes de mailles faites d'anneaux de fer. Ils étaient armés de lances, d'épées et de haches.

▲ Un drakkar pouvait atteindre 23 mètres de long. La charpente et la quille étaient en chêne. Le mât, parfois en pin, soutenait une large voile unique. La coque était percée pour les rames, actionnées par les guerriers sans doute assis sur des coffres en bois. Le bateau était dirigé à l'aide d'une longue rame à l'arrière.

Butin viking

Les églises et les abbayes chrétiennes offraient aux pirates vikings de superbes crosses, calices, plateaux et cloches. Leurs raids sur des grandes villes telles que Londres et Paris leur rapportaient des pièces, des bijoux, des armes et des vêtements de luxe. Le butin était ramené en bateau ou vendu à bon profit dans d'autres pays.

Tempêtes en mer

Les côtes du nord-ouest de l'Europe, découpées et battues par l'Atlantique, comptent de nombreuses criques, îles désertes et grottes secrètes, territoire idéal pour les contrebandiers et les pirates. Au Moyen Âge, la piraterie était courante en Écosse, au pays de Galles, sur l'île de Man, les îles Scilly et en Bretagne.

Reine de Clew Bay
Gráinne Ni Mháille, ou Gráinne Mhaol, était connue des Anglais sous le nom de Grace O'Malley. Cette aristocrate irlandaise, née vers 1530, devint un marin expérimenté, propriétaire d'une flotte de galères, sur la côte ouest irlandaise. Dès 1560, ses pirates pillèrent les côtes d'Irlande et les navires de l'Atlantique. En 1593, elle obtint la grâce royale et se retira des affaires.

Le diable en personne
L'un des pirates les plus craints de la Manche au XVIIIe siècle fut un moine flamand nommé Eustace. Après avoir quitté son monastère et rejoint l'armée, il fut proscrit pour meurtre. Devenu pirate, il travailla d'abord pour les Anglais, puis au profit des Français. Finalement, il fut décapité lors d'une bataille navale, dans le Kent.

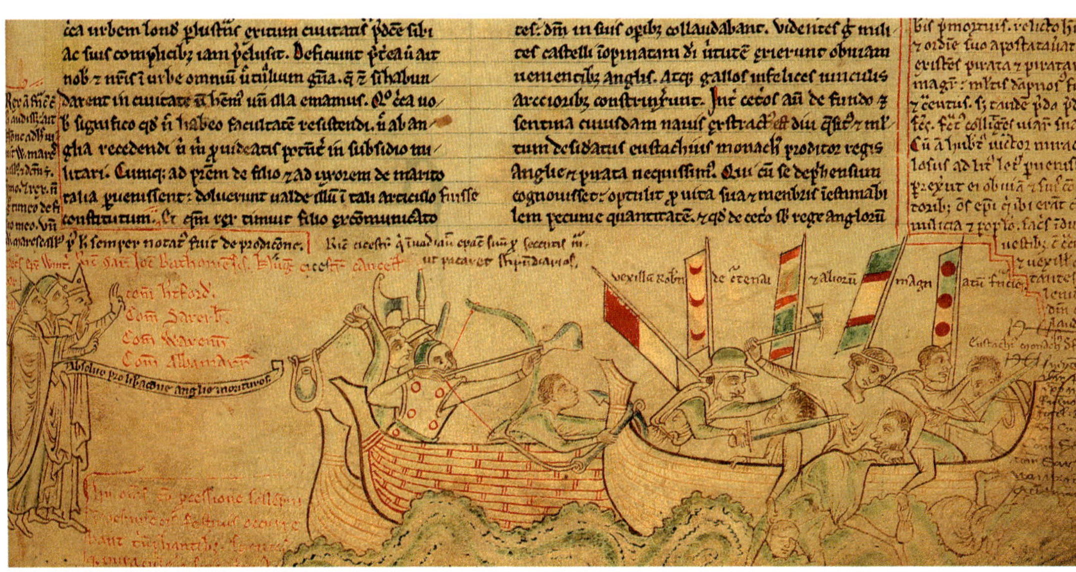

Klein Hänslein
Trente-trois pirates furent exécutés à Hambourg le même jour de 1573. Leur capitaine s'appelait Petit-Jean, ou Klein Hänslein. Il terrorisait la marine marchande dans la mer du Nord.

À l'est, la Manche, la mer du Nord et la Baltique étaient dangereuses. La piraterie semblait à beaucoup un moyen honorable d'attaquer ses ennemis ou de faire fortune. De nombreuses familles puissantes et respectables formèrent ainsi des bandes de pirates.

◄ **Saint-Malo était déjà un repaire de corsaires lorsque la Bretagne devint française en 1488. Les corsaires maintinrent la tradition, attaquant les navires anglais dans le monde entier. Des capitaines tels René Duguay-Trouin et Robert Surcouf devinrent des héros.**

Les pays d'Europe se faisant souvent la guerre, les marins attaquèrent de plus en plus fréquemment les vaisseaux ennemis. Agissant à titre privé ou pour leur patrie, ils finirent tous par s'appeler corsaires. Beaucoup devinrent des héros populaires, certains jouèrent même un rôle important dans l'histoire.

Traversée de la Manche

Boulogne et Dunkerque abritaient également des corsaires. À Dunkerque, le plus célèbre fut Jean Bart. Il attaquait les bateaux de pêche hollandais et pillait les côtes anglaises. Capturé en 1694 en Angleterre, il s'évada par la Manche et traversa en barque les 250 km le séparant de la France.

Les galions

À cette époque, l'Amérique centrale et l'Amérique du Sud étaient colonisées par les Espagnols. À partir des années 1540, ces derniers organisèrent deux convois navals chaque année pour rapporter leurs trésors au pays. Le premier partait de Veracruz, le second de Nombre de Dios (puis de Portobello). Ils se rejoignaient à Cuba pour cingler ensuite vers l'Espagne. Ils pouvaient rassembler jusqu'à 100 vaisseaux armés chacun de 60 canons et comprenant 200 membres d'équipage. S'ils étaient peu nombreux à pouvoir les affronter, les bateaux pirates étaient souvent plus rapides et mieux dirigés.

► En juin 1523, le corsaire français Jean Fleury (ou Florin) qui rôdait près des voies de navigation de l'Atlantique au large du cap Saint-Vincent, près du port portugais de Faro, aperçut trois caravelles. Ces petits trois-mâts cinglaient vers l'Espagne. Il parvint à en capturer deux mais le troisième lui échappa.

Les caravelles espagnoles étaient chargées de fabuleux trésors pris aux Aztèques, indigènes peuplant alors l'actuel Mexique. Le puissant Empire aztèque avait succombé en 1521 au conquistador Hernán Cortés. L'attaque de Fleury contre les galions fut la première d'une longue série de pillages menés par les corsaires français et anglais.

L'AMÉRIQUE

Le 12 octobre 1492, Christophe Colomb débarqua sur l'île Watling, aux Bahamas. Ce marin italien au service du roi et de la reine d'Espagne crut avoir atteint l'Asie. En réalité, il venait de découvrir les Amériques, un « nouveau monde » inconnu des Européens. Dans les années qui suivirent, l'Espagne s'empara de vastes territoires dans les Amériques.

Les indigènes qui ne moururent pas de maladie furent réduits en esclavage ou tués. Les miséreux d'Europe et les esclaves africains furent envoyés aux Antilles pour travailler dans les plantations. À la vue de l'or et de l'argent rapatriés en Europe par les Espagnols, il était difficile à tous ces hommes désespérés de ne pas se laisser tenter par la piraterie.

▶ Francis Drake était un corsaire anglais qui n'hésitait pas à jouer les pirates. De 1567 à 1596, il ne cessa de piller la flotte espagnole, accumulant une énorme fortune en or. En 1572, alors que l'Angleterre était censée avoir signé la paix avec l'Espagne, Drake attaqua Nombre de Dios.

Les frères de la côte

Au XVIIe siècle, un grand nombre d'aventuriers et de hors-la-loi trouvèrent refuge aux Antilles. Originaires de Hollande, d'Afrique de l'Ouest et d'autres îles antillaises, on les appelait boucaniers, flibustiers ou « frères de la côte ». Au début, ils vécurent à Cuba, en Jamaïque et sur Hispaniola. À partir des années 1630, leur principal repaire était installé sur l'île de la Tortue.

Cochon grillé

Les boucaniers tiraient leur nom du *boucan*, le gril sur lequel ils faisaient cuire la viande. Posée au-dessus d'un feu de bois, la viande crue était fumée pour sa conservation.

▼ Armés de longs mousquets, de haches et de couteaux, les boucaniers portaient d'amples chemises de lin et des culottes de cuir sales qui sentaient mauvais.

► Les boucaniers vivaient en dehors des lois, buvant du rhum et de l'eau-de-vie, se bagarrant et s'entre-tuant. Au début, ils s'établirent dans des camps, chassant le sanglier et le bœuf avec des chiens. Ils troquaient la majeure partie de la viande et des peaux contre de la poudre à canon et des provisions.

Les gouverneurs coloniaux voulurent rapidement se débarrasser des boucaniers en mettant fin à leur commerce de viande. Ces derniers se firent alors pirates. À partir de 1660, ils lancèrent de féroces attaques contre les galions espagnols. Ravis, les ennemis de l'Espagne financèrent des armées de boucaniers chargées de piller les villes espagnoles. L'âge d'or de la flibuste perdura jusque dans les années 1690 et les flibustiers devinrent célèbres dans le monde entier.

Roche Brasiliano — **François l'Ollonois** — **Bartolomeo le Portugais**

Trois fous sanguinaires
Certains boucaniers violents se targuaient de leur cruauté. Roche Brasiliano, un capitaine hollandais, faisait griller vifs ses captifs. Le Breton François l'Ollonois arracha à la hache le cœur d'un Espagnol et le déchira de ses dents. Bartolomeo le Portugais était également un meurtrier notoire.

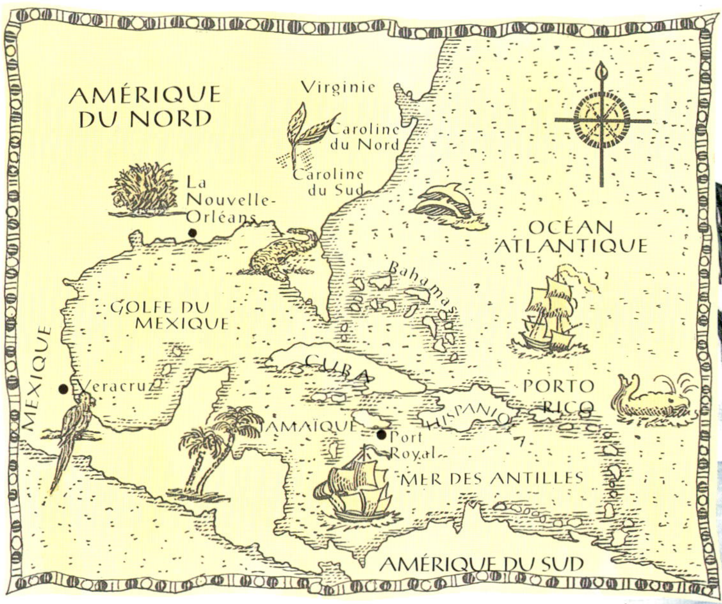

▲ Dans les années 1650, l'Amérique centrale et l'Amérique du Sud se trouvaient sous le joug espagnol. Aux Antilles, ce pouvoir était menacé par la France et l'Angleterre, et par les pirates de toutes nationalités se cachant dans les îles pour échapper à la loi.

► Les boucaniers attaquaient les galions espagnols dans des pirogues. Ces canots creusés dans des troncs d'arbre étaient rapides et difficiles à viser au canon.

Port Royal, en Jamaïque

En 1655, l'Angleterre s'empara de l'île antillaise de la Jamaïque. Ne disposant pas de troupes suffisamment nombreuses pour protéger l'île contre une attaque française ou espagnole, les nouveaux venus signèrent un pacte avec les boucaniers. Les pirates pouvaient mouiller à Port Royal et effrayer les navires ennemis. Le plus célèbre fut un repris de justice gallois du nom de Henry Morgan. Les autorités le chargèrent de mettre à sac les villes espagnoles sur le continent.

◄ Dans les années 1660, Port Royal devint célèbre pour son anarchie. Les ruelles malodorantes du port se remplissaient d'ivrognes, de cruels marchands d'esclaves, de marins arborant des perroquets, de joueurs, de repris de justice et de fiers boucaniers.

Les pillages de Morgan

De 1668 à 1671, Henry Morgan mena ses hommes à l'assaut de Puerto Principe, Portobello, Maracaibo et Panama.

Henry Morgan était un corsaire capable de lever d'immenses armées de boucaniers. Les autorités coloniales de Jamaïque décidèrent donc de fermer les yeux sur ses actes de piraterie et de cruauté. Il fut même fait chevalier par le roi Charles II, puis lieutenant-gouverneur de Jamaïque. Grand alcoolique, Morgan décéda en 1688. À sa mort, la colonie chercha à se débarrasser de ses turbulents boucaniers. De fait, Port Royal devint un lieu célèbre où les pirates se faisaient capturer, juger et pendre.

Châtiment divin ?

Le 7 juin 1692, le silence s'abattit sur les rues et les quais animés de Port Royal. La terre se mit à trembler. Les tavernes s'effondrèrent et les entrepôts regorgeant de sucre et de tabac s'écroulèrent dans le port. La mer envahit la ville. En apprenant la nouvelle, les gens déclarèrent que Port Royal avait été puni pour ses péchés.

◄ John Rackham était surnommé « Calico Jack » en raison de ses vêtements de couleurs vives en calicot, un coton épais. En 1719, il accosta sur l'île de New Providence, aux Bahamas, où il se lia avec Anne Bonny. Ensemble, ils s'embarquèrent sur un sloop volé pour mener une vie de criminels. Rackham captura ensuite Mary Read qui décida de se joindre aux pirates.

Femmes pirates

Jugé en novembre 1720, John Rackham fut condamné à mort puis pendu. Ses deux acolytes furent relâchés. Il s'agissait de Mary Read et d'Anne Bonny, qui étaient enceintes. Les deux femmes, élevées comme des garçons, s'habillaient comme des hommes car cette tenue leur semblait mieux adaptée à la vie en mer. Elles maniaient férocement le sabre d'abordage, la hache et le pistolet. Ce sont les plus célèbres femmes pirates de tous les temps.

Les eaux d'Amérique du Nord

Les Espagnols régnant sur les côtes des Antilles et du Pacifique, les Britanniques s'installèrent le long de la côte est d'Amérique du Nord. L'État prélevait un impôt très élevé sur toutes les marchandises importées. Au XVIIIe siècle, certains colons décidèrent de compenser ces pertes en se livrant à la contrebande et à la piraterie, attaquant les navires entre Terre-Neuve et la Caroline et même souvent au-delà. Parfois, ils parvenaient à convaincre les gouverneurs coloniaux de fermer les yeux, moyennant une part des bénéfices.

À La Nouvelle-Orléans

Jean Lafitte était un contrebandier et un pirate notoire qui contrôlait tous les trafics de La Nouvelle-Orléans. Lorsque les États-Unis entrèrent en guerre contre la Grande-Bretagne, en 1812, Lafitte refusa l'offre financière des Britanniques et proposa ses services aux Américains. Il devint alors un corsaire et un héros.

▼ Tel un démon surgi de l'enfer, Barbe-Noire ne témoignait aucune pitié. Son navire, le *Queen Anne's Revenge*, attaquait les bateaux au large de la Caroline du Sud. Il imposa le blocus au port florissant de Charleston.

Stede Bonnet

Ce gentilhomme respectable, d'âge moyen, avait la réputation d'un dandy. Retraité de l'armée, il possédait une plantation à la Barbade. Déprimé, ou simplement par ennui, Bonnet devint capitaine pirate. Durant un temps, il navigua avec la flotte de Barbe-Noire qu'il amusait. En 1718, il fut capturé et pendu à Charleston.

Port Royal nettoyé, Nassau, sur l'île de New Providence, aux Bahamas, attira les pirates par milliers. Lorsqu'ils ne se querellaient pas, ils écumaient l'Atlantique. En 1775, la guerre éclata entre la Grande-Bretagne et ses colonies américaines. Disposant d'une flotte réduite, les Américains firent appel aux corsaires pour attaquer la marine marchande britannique. En 1783, la Grande-Bretagne était battue et une nouvelle nation indépendante voyait le jour : les États-Unis.

Le terrifiant Barbe-Noire

À partir de 1716, le pirate le plus craint d'Amérique du Nord fut Edward Teach, dit Barbe-Noire. Ce natif de Bristol, en Angleterre, portait les cheveux et la barbe tressés. Pour terrifier ses victimes, il cachait des amorces de chanvre allumées sous son chapeau.

► En novembre 1718, Alexander Spotswood, gouverneur de Virginie, offrit cent livres sterling de récompense pour la capture de Barbe-Noire. Ce fut Robert Maynard, lieutenant de vaisseau sur le *Pearl*, qui abattit le pirate dans un corps à corps désespéré. Il décapita Barbe-Noire et suspendit sa tête au beaupré.

LES CÔTES DE L'AFRIQUE

L'Afrique demeura largement inconnue jusqu'au XIXe siècle. Au Moyen Âge, les cartes la représentaient par de vastes zones blanches ou couvertes de dessins de lions. L'intérieur des terres abritait de riches empires mais peu d'explorateurs parvenaient à traverser les vastes déserts et les jungles inextricables.

▼ Le capitaine gallois Bartholomew Roberts vérifie son trésor sur les rives du Sénégal. En 1721, Roberts était l'un des pirates les plus fortunés de tous les temps. Il avait capturé ou coulé plus de quatre cents navires.

Le Baronnet Noir

Bartholomew Roberts (dit le « Baronnet Noir ») servit sur le bateau du pirate gallois Howell Davis. À la mort de ce dernier en 1719, Roberts fut élu capitaine. Aimant les vêtements fins et le luxe, il aurait préféré le thé au rhum. Pourtant, son équipage était bien ivre lorsque les chasseurs de pirates du *Swallow* le découvrirent mouillant sous le vent du cap Lopez. Roberts fut tué d'une balle dans le cou.

Les Européens, les Arabes et les marchands chinois commencèrent à tracer la carte des côtes africaines dès le Moyen Âge. Les Portugais furent les premiers à atteindre le golfe de Guinée, où ils édifièrent des forts et établirent des comptoirs. Ils furent suivis aux XVIe et XVIIe siècles par d'autres Européens avides d'or et d'ivoire. Bientôt, ils se lancèrent dans un commerce beaucoup plus cruel, enlevant des Africains pour les déporter comme esclaves au Nouveau Monde. Au XVIIIe siècle, la côte guinéenne fourmillait également de pirates, désireux de tirer eux aussi profit de cette misère humaine.

◄ Des siècles durant, les pirates trouvèrent refuge le long des côtes de l'Afrique. Au nord, la Barbarie abritait les redoutables corsaires musulmans. À l'ouest, la côte guinéenne était victime des marchands d'esclaves européens. Au sud-est, l'île de Madagascar servait de repaire aux pirates européens qui attaquaient les navires de l'océan Indien.

Les corsaires barbaresques

Les musulmans arabes envahirent l'Afrique du Nord dans les années 640. En un siècle, leur pouvoir s'étendit jusqu'au sud de l'Espagne. Au cours des années 1530, l'Afrique fut en grande partie soumise par les musulmans turcs. Toutefois, le sud de l'Europe demeura chrétien. Les corsaires musulmans de Tripoli, Tunis et Alger attaquaient les bateaux européens, asservissant les équipages chrétiens.

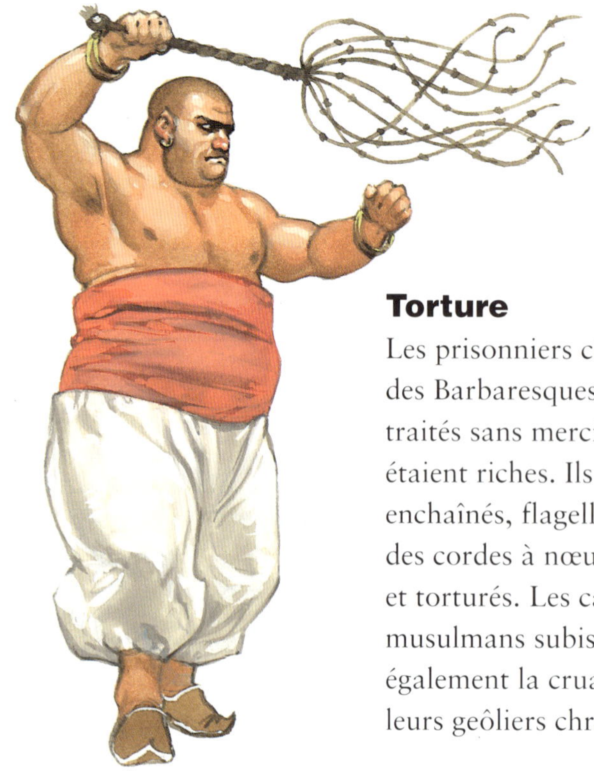

Torture
Les prisonniers chrétiens des Barbaresques étaient traités sans merci sauf s'ils étaient riches. Ils étaient enchaînés, flagellés avec des cordes à nœuds et torturés. Les captifs musulmans subissaient également la cruauté de leurs geôliers chrétiens.

▼ Les corsaires barbaresques disposaient de galères rapides, commandées par un capitaine appelé *reis*. Propulsées par des rameurs esclaves, elles transportaient des troupes de voleurs. Cette peinture de Cornelius Vroom illustre une bataille contre des navires espagnols en 1615.

Les Rédempteurs

Ces prêtres chrétiens collectaient des fonds pour racheter les esclaves chrétiens aux corsaires. Ils allaient en Barbarie pour payer les rançons exigées par les seigneurs musulmans.

Les Barbaresques s'aventurèrent rapidement loin de l'Afrique, jusqu'en Islande, devenant les héros du monde islamique. Au XVIIe siècle, ils furent rejoints par de nombreux Européens, dont l'Anglais Francis Verney et les Hollandais Simon Danziger et Jan Jansz. Les corsaires chrétiens réunirent à leur tour des flottes pour attaquer les musulmans. Leur quartier général était installé sur l'île de Malte, en Méditerranée.

Les frères Barberousse

Les plus célèbres corsaires barbaresques furent deux frères prénommés Arudj et Khayr al-Dîn. Nés en Grèce, ils devinrent connus sous le nom des frères Barberousse. Ils étaient d'excellents marins et de féroces guerriers.

▼ En 1504, Arudj Barberousse captura deux galions appartenant au pape Jules II. Par la suite, les deux frères attaquèrent les Génois et les Espagnols, qui tuèrent Arudj en 1518.

Khayr al-Dîn devint un amiral et un ambassadeur respecté.

Au royaume des pirates

Les pirates étaient également installés sur d'autres côtes africaines. Au XVIIe siècle, les pirates hollandais, français et portugais écumaient le littoral du sud de l'Afrique. Bientôt, ils cinglaient entre l'Amérique du Nord et la mer Rouge, effectuant ainsi le « tour du monde des pirates ». De 1690 à 1720, leur principale base fut Madagascar où, dit la rumeur, ils se seraient prélassés sous le soleil des tropiques, entourés de belles femmes. En réalité, les pirates de Madagascar menaient une vie rude.

▲ **Cette carte présente Madagascar, principal port d'escale sur le « tour du monde des pirates ». C'est là que les pirates s'approvisionnaient en nourriture et en eau et vendaient les cargaisons volées dans l'océan Indien.**

Trop aimable !
Les capitaines pirates étaient rarement réputés pour leur gentillesse. L'Irlandais Edward England opérait sur la côte guinéenne et dans l'océan Indien. Lorsqu'il laissa partir un capitaine de la marine marchande britannique, son équipage, écœuré, l'abandonna sur l'île Maurice. Il se construisit une barque et rama jusqu'à Madagascar.

▼ **Pour caréner le navire, on l'échouait sur la plage. Les pirates risquaient alors de se faire attaquer car ils campaient sur le rivage sans aucun moyen de s'échapper.**

Dans les eaux tropicales, les bateaux en bois se couvraient rapidement de bernacles et d'algues et se faisaient dévorer par les vers marins. Les pirates s'arrêtaient sur l'île Sainte-Marie, au large de Madagascar, pour réparer les coques.

Daniel Defoe (1660-1731) mentionne un nouveau pays appelé Libertalia, fondé à Madagascar par le capitaine Misson. Ce pays n'a sans doute jamais existé, mais plusieurs pirates de Madagascar se sont effectivement proclamés rois de l'île, tels Abraham Samuel dans les années 1690 et James Plantain dans les années 1720.

Outils de carénage

L'herminette servait à façonner les nouvelles planches. Les interstices étaient calfatés (bouchés). On les écartait à l'aide d'un fer pour les remplir d'étoupe (filasse). Celle-ci était enfoncée avec un maillet et un fer à calfater puis enduite de poix, ou goudron.

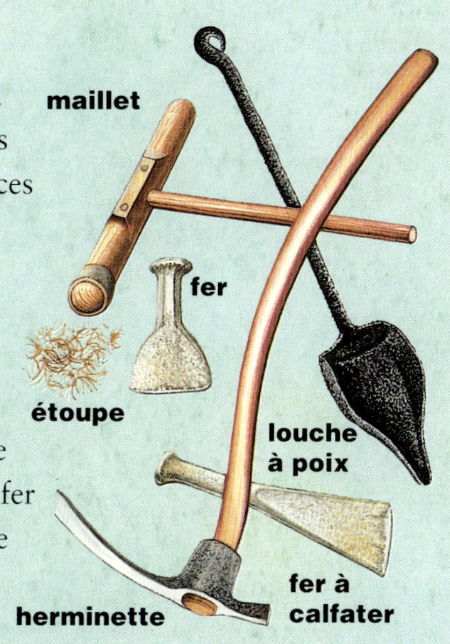

LA MENACE ORIENTALE

En 1735, le *Derby*, navire de la Compagnie britannique des Indes orientales, dut se rendre à la famille Angria, un groupe de marins qui attaquaient les bateaux sur la côte ouest des Indes. Le vaisseau, à destination de Bombay, transportait de l'or.

Appartenant au peuple des Marathes, la famille Angria contestait les droits commerciaux de la Compagnie. Les Britanniques les considéraient comme des pirates.

▲ Le golfe Persique et la mer d'Arabie relient l'Europe et l'Asie du Sud-Est à l'Inde et l'Extrême-Orient. C'est l'une des routes commerciales les plus riches du monde. Dans ces eaux, la piraterie est un problème aussi vieux que les échanges commerciaux.

La Compagnie britannique des Indes orientales fut fondée en 1600 pour exercer le commerce dans les océans Indien et Pacifique. Elle disposait de ses propres soldats et marins. Au cours du XVIIIe siècle, ses navires, les indiamen, furent souvent attaqués par les Marathes. Le premier grand leader de ces attaques fut Kanhoji Angria, qui mourut en 1729.

La côte de Malabar

Cette région, sur la côte occidentale indienne, au sud de Bombay, était contrôlée par les Marathes, qui édifièrent une chaîne de forts le long du littoral. En 1756, ils finirent par être vaincus.

La mer Rouge

L'Europe développa ses échanges commerciaux avec l'Inde et l'Extrême-Orient. Les Portugais prirent Goa en 1510. Au XVIIIe siècle, les Britanniques et les Français luttèrent pour le contrôle du commerce avec le reste de l'Inde, les Hollandais dominant les nombreuses Îles aux épices d'Asie du Sud-Est. Les différentes puissances européennes autorisèrent l'attaque des navires rivaux et les corsaires devinrent rapidement des pirates.

Long Ben

L'Anglais Henry Avery était connu sous les noms de « Long Ben » ou de « Capitaine Bridgeman ». Sa célébrité lui valut le surnom de « Roi de la mer ». Bien qu'ayant fait fortune dans la mer Rouge, il aurait tout perdu et serait mort miséreux chez lui, dans le Devon.

Le Gang-i-Sawai

En septembre 1695, Avery et ses pirates d'Amérique du Nord attaquèrent le *Gang-i-Sawai*, vaisseau amiral de la flotte moghole. Il transportait des pèlerins de retour de La Mecque ainsi qu'un énorme trésor.

► Après deux heures de combat, les pirates du *Fancy*, le navire d'Avery, abordèrent le *Gang-i-Sawai* et se ruèrent sur les femmes mogholes.

Les pirates d'Europe et des colonies d'Amérique du Nord se rendaient à Madagascar, puis cinglaient au nord vers la mer d'Arabie, le golfe Persique et la mer Rouge où ils attaquaient les navires marchands européens. Les vaisseaux pirates étaient souvent secrètement financés par des personnalités riches et puissantes qui partageaient le butin avec l'équipage si l'attaque était fructueuse et feignaient l'ignorance s'il se faisait prendre.

Les pirates pillaient aussi les bateaux d'Aurangzeb, l'empereur moghol qui régna en Inde du Nord de 1658 à 1707. À cette époque, les Européens respectant peu les peuples non chrétiens, les pirates attaquaient souvent les navires musulmans en toute impunité.

Voyage catastrophe

L'Écossais William Kidd vécut à New York. Bien que disposant de l'autorisation royale d'attaquer les navires français et pirates dans l'océan Indien, il aurait été contraint par son équipage de se livrer à des actes de piraterie plus profitables. Lors d'une dispute en octobre 1697, il assena un coup mortel à son canonnier William Moore à l'aide d'un seau, et fut arrêté puis pendu.

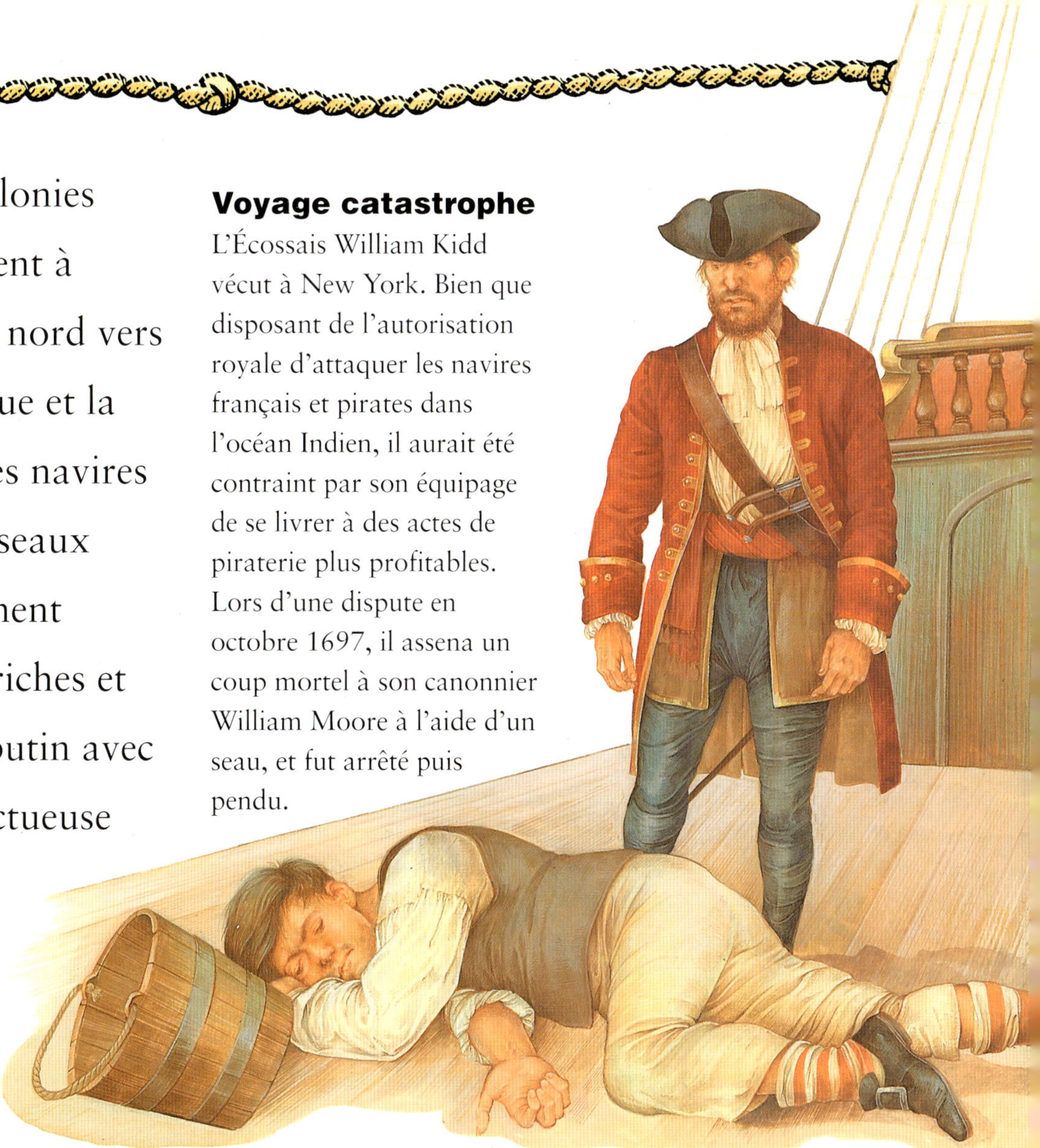

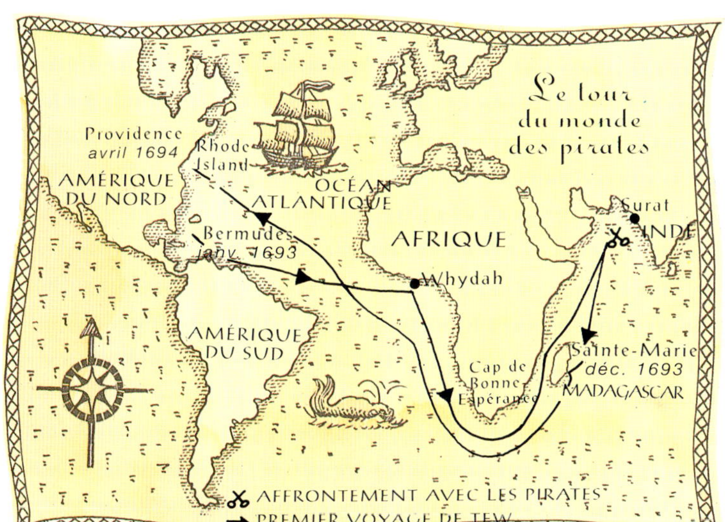

▲ Le « tour du monde des pirates » pouvait atteindre 40 000 km. Thomas Tew navigua sur l'*Amity* des Bermudes à la côte guinéenne, puis devint pirate dans l'océan Indien. Il revint ensuite chez lui, à Rhode Island, et soudoya les autorités afin qu'elles ferment les yeux sur ses crimes. De retour dans l'océan Indien, il se joignit à Henry Avery mais fut abattu par une balle en 1695.

Mers d'Extrême-Orient

Dans l'Antiquité, les Chinois furent de grands constructeurs navals. Ils conçurent les premiers navires à plusieurs mâts dotés de gouvernails. Ils inventèrent aussi la boussole. Les flottes de jonques chinoises explorèrent l'océan Indien au cours du XVe siècle. Les Chinois étaient d'excellents marins mais aussi de vrais pirates.

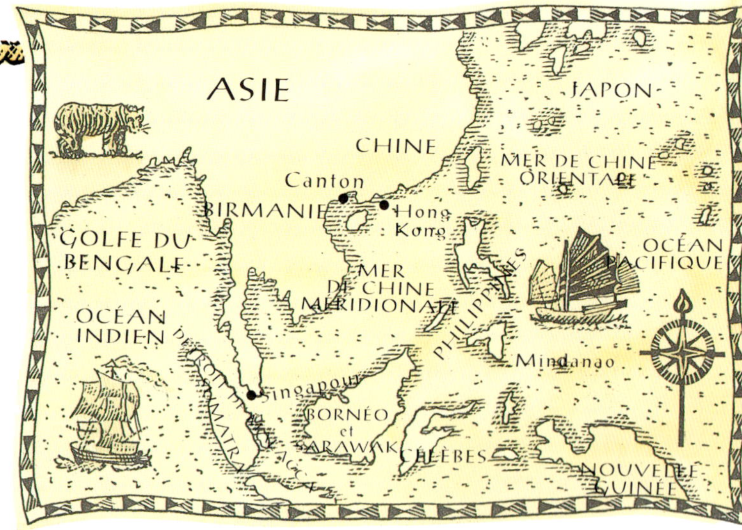

▲ **La mer de Chine méridionale fut infestée de pirates du Moyen Âge au début du XXe siècle.**

Au sud, le détroit de Malacca et la mer de Java étaient tout aussi dangereux.

◄ **En septembre 1849, une flotte de pirates chinois basée à Bias Bay, à l'est de Hong Kong, fut attaquée et détruite par les navires de guerre britanniques. Plus de 400 pirates trouvèrent la mort. Leur chef, Chui Apoo, fut blessé. Il put s'échapper mais fut trahi plus tard. Il se suicida en 1851.**

Les pirates japonais et Qubilai Khan

Dans les années 1270, les pirates japonais pillèrent la côte chinoise, attaquant les villages et les bateaux. Qubilai Khan, l'empereur de Chine, s'en plaignit au Japon. Devant le laxisme de son voisin, il décida de l'envahir. Ses deux tentatives, en 1274 et 1281, échouèrent pour cause de tempête.

▲ **Bateau pirate japonais**

Les bandits de Bornéo

L'île de Bornéo compte de nombreux fleuves et criques bordés de forêts denses. Durant des siècles, ils abritèrent les pirates dayaks, de féroces chasseurs de têtes. Ils naviguaient dans des bateaux légers appelés *praos*. Vers 1840, les Dayaks furent pourchassés sans merci par la marine britannique.

▲ **Pirate dayak**

Aux Philippines

Les îles de la mer de Sulu abritaient pirates et marchands d'esclaves. À l'est, les terribles pirates ilanuns de Mindanao effectuaient de longs voyages en mer à la recherche de trésors. Lorsque les Européens s'emparèrent de leur commerce au XIXe siècle, certains peuples d'Asie du Sud-Est se livrèrent à la piraterie pour survivre.

▲ **Pirate ilanun**

En Extrême-Orient, les marins devaient affronter les typhons et les requins mais surtout les pirates chinois. Leurs flottes nombreuses et organisées rassemblaient des rebelles et des hors-la-loi qui attaquaient aussi bien les navires de leurs compatriotes que ceux des Européens et traitaient leurs prisonniers avec une grande cruauté. Les pirates des Îles aux épices, loin au sud, étaient aussi très redoutés.

La femme dragon

Au XIXe siècle, les côtes des environs du port de Canton étaient sous le contrôle des flottes du pirate chinois Cheng I. À sa mort, en 1807, sa veuve, Mme Cheng, le remplaça à la tête de la plus terrible flotte de pirates de l'histoire, forte de 800 jonques armées, de 1 000 petits bateaux et de plus de 70 000 hommes et femmes. Après de nombreuses batailles, elle racheta son pardon au gouvernement chinois en 1810.

1 grand mât
2 mât d'artimon
3 gaillard d'arrière
4 cabine du capitaine
5 gouvernail
6 provisions de bouche
7 charpente
8 quille
9 magasin à poudre
10 casier à voiles
11 cabestan
12 pompes
13 fond de cale
14 soute à boulets
15 réserves d'eau
16 provisions du bateau
17 rames
18 coque
19 gaillard d'avant
20 ancre
21 beaupré
22 mât de misaine
23 cloche
24 canon
25 coquerie (cuisine)
26 batterie
27 embrasure
28 fanal

▼ Le capitaine Kidd logeait dans une vaste cabine, ses 150 hommes dormaient sous le pont.

► Les 34 canons tiraient des boulets de 5,4 kg. La soute pouvait contenir jusqu'à 6 tonnes de munitions.

▲ Les barils d'eau potable, qui pesaient 1 tonne chacun, servaient aussi de lest pour stabiliser le navire. Une fois vides, on les remplissait d'eau de source, à terre.

▲ Lorsqu'elles ne servaient pas, les voiles étaient rangées dans un casier à l'abri des embruns.

▲ Le navire était dirigé à l'aide d'un énorme gouvernail en bois relié à la roue.

▲ Lorsque la viande salée conservée dans des tonneaux pourrissait, les marins affamés pêchaient ou allaient chasser à terre.

▲ La moindre étincelle pouvait faire exploser le magasin à poudre, élément vital du navire, à tout moment.

▲ Le fond de cale était rempli d'eau croupie que l'on pompait pour maintenir le navire à flot.

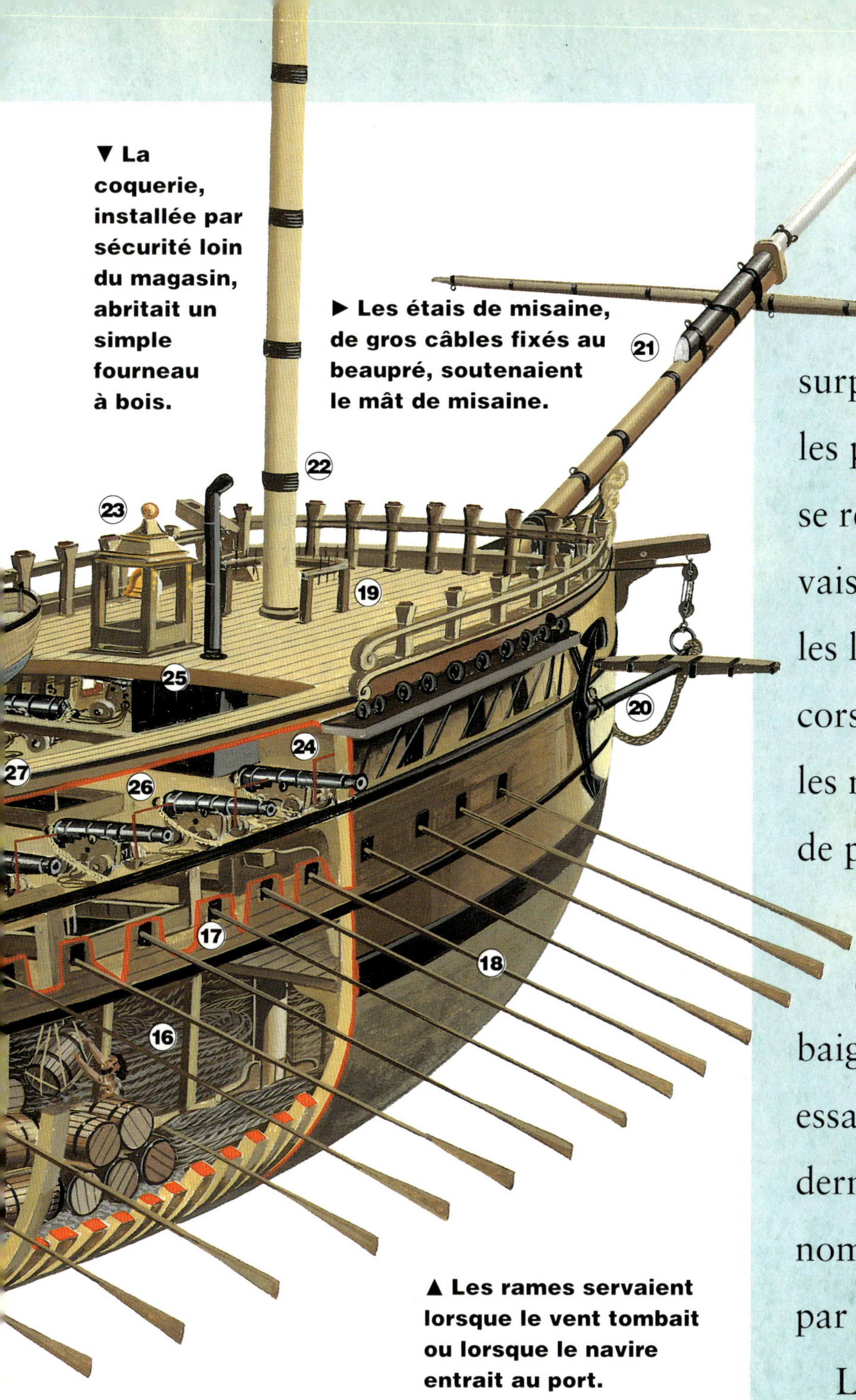

▼ **La coquerie, installée par sécurité loin du magasin, abritait un simple fourneau à bois.**

▶ **Les étais de misaine, de gros câbles fixés au beaupré, soutenaient le mât de misaine.**

▲ **Les rames servaient lorsque le vent tombait ou lorsque le navire entrait au port.**

LES NAVIRES PIRATES

La rapidité et la surprise étaient la clé du succès pour les pirates. Aux Antilles, les boucaniers se rendirent vite compte que les petits vaisseaux rapides semaient aisément les lents galions lourdement armés. Les corsaires français attaquaient souvent les navires anglais sur de petits bateaux de pêche faiblement armés.

Si les pirates infortunés devaient parfois se contenter d'une baignoire percée, ils pouvaient toujours essayer de capturer ou de voler les dernières nouveautés navales. Un grand nombre de navires furent ainsi pris par leur équipage mutiné.

Les anciens voiliers nécessitaient un entretien constant. Les naufrages étaient fréquents.

L'*Adventure Galley*

C'est sur ce navire que le capitaine William Kidd effectua son malheureux voyage en 1696. Il avait été construit l'année précédente sur la Tamise à Deptford, près de Londres. Long de 38 mètres, c'était un bateau corsaire. Il marchait à voile mais, si le vent tombait, il disposait de 32 rames actionnées par deux hommes ou plus.

L'équipage de Kidd réunissait une bande de criminels enrôlés de force qui le contraignirent à se livrer à la piraterie.

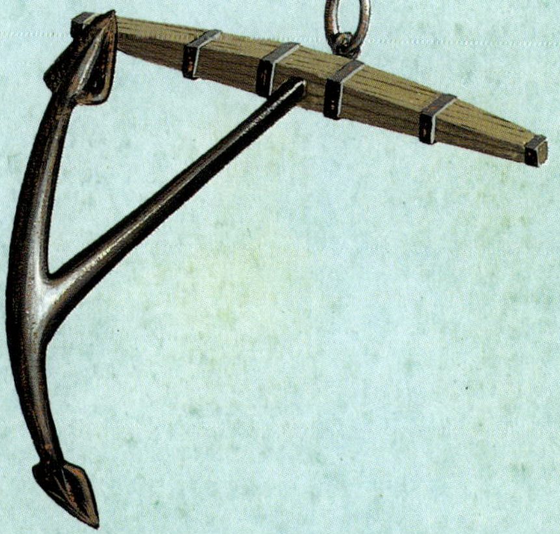

▶ **L'ancre de l'*Adventure Galley* pesait près de 1,4 tonne. Seul le cabestan, actionné à la force des bras, pouvait la hisser à bord. Les marins se donnaient du courage en chantant ou en accordant leurs efforts au rythme du violon.**

Voiles et gréement

L'*Adventure Galley* pouvait arborer 2 675 m² de voiles, lui permettant d'atteindre une vitesse de 14 nœuds (27 km/h). Les voiles étaient coupées dans un tissu de chanvre, de coton ou de lin. Devant résister aux coups de vent et aux ouragans, elles étaient renforcées par une double épaisseur à certains endroits.

▼ L'*Adventure Galley* était gréé en carré. Ses voiles étaient portées par des barres transversales appelées vergues.

1 contre-civadière
2 civadière
3 perroquet de beaupré
4 petit foc
5 grand foc
6 petit perroquet
7 petit hunier
8 hune de misaine
9 voile de misaine
10 grand perroquet
11 grand hunier
12 grand'hune
13 grand'voile
14 perruche
15 perroquet de fougue
16 hune d'artimon
17 brigantine
18 vergue

▲ **Pour aborder les navires de leurs victimes, les pirates lançaient leurs grappins qui s'accrochaient dans le gréement et permettaient de réunir les deux bateaux. Ensuite, les pirates grimpaient dans le gréement et sautaient à bord.**

► **Des échelles de corde permettaient aux marins de monter dans les mâts et les vergues pour mettre ou enlever les voiles et effectuer les réparations après la bataille. Les cordes verticales s'appelaient des haubans, les transversales des enfléchures.**

On utilisait de nombreuses cordes en chanvre sur les bateaux. Certaines servaient à l'amarrage, d'autres à hisser les marchandises à bord ou les signaux et les drapeaux aux mâts, d'autres encore à fixer les canons. Elles constituaient le gréement soutenant les voiles et les mâts. Tout marin se devait de savoir réparer les câbles et les poulies.

Nœuds et épissures

Les nœuds servaient à réunir plusieurs cordes, à les attacher aux espars ou à former des boucles ou des yeux. L'épissage servait à entrelacer deux extrémités de corde pour en faire une seule. On séparait les fibres des cordes à l'aide d'un épissoir, un outil métallique pointu.

nœud de chaise

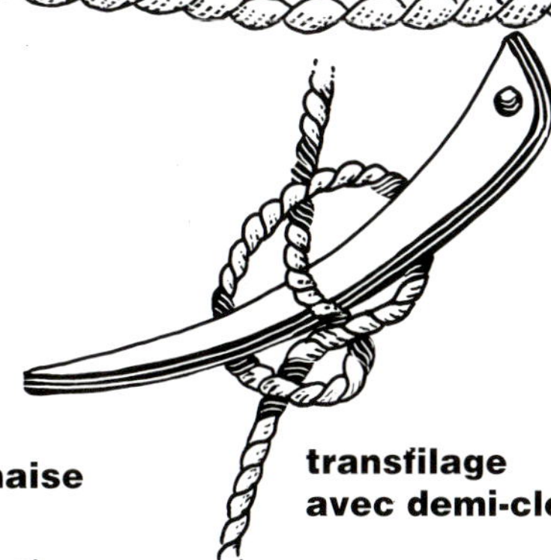

transfilage avec demi-clé

simple épissure

nœud anglais

nœud de filet

nœud d'écoute

À travers les âges

Les dimensions et la forme des navires pirates ont beaucoup varié au fil du temps. C'est au XIXe siècle que les voiliers furent les plus rapides grâce à leur aérodynamisme. Cela aida certes les pirates mais aussi leurs poursuivants. Bientôt, les marines du monde entier disposèrent de puissants bateaux à vapeur armés de canons modernes pour donner la chasse aux pirates.

Galère de pirates grecs, 500 av. J.-C.
Ces bateaux à rames et à voile unique étaient plus rapides que les navires marchands.

Nef anglaise, 1400
Les pirates livraient bataille sur des navires surmontés à chaque extrémité de hauts ponts appelés gaillards.

Galion anglais, 1580
La plupart des capitaines de marine marchande de la reine Élisabeth Ire furent aussi bien pirates que corsaires.

Indiaman hollandais, 1700
En Asie du Sud-Est, les navires marchands étaient la proie des pirates et des corsaires.

Galère anglaise, 1715
Ces vaisseaux, qui faisaient commerce d'esclaves et de sucre aux Amériques, attiraient les pirates.

Sloop pirate, Nassau, 1720
Rapide, doté d'un seul mât et d'un gréement aurique, le sloop américain était idéal pour les pirates des Bahamas.

Vaisseau de guerre britannique, 1815
Ces bâtiments lourdement armés servaient à lutter contre la piraterie dans la mer d'Arabie.

Jonque pirate chinoise, 1845
Ce trois-mâts long de 25 mètres et doté d'un grand gouvernail était armé de 30 canons.

Bateau à aubes, 1870
Les navires à vapeur permirent aux pays européens de juguler la piraterie en Asie du Sud-Est.

Chasseur de pirates romain, 70 av. J.-C.
Ce trirème, galère à trois rangées de rames, pourchassait les pirates ciliciens.

Drakkar viking, 900
Simple mais meurtrier, le drakkar à voile unique et longues rames pouvait transporter jusqu'à 50 hommes.

Boutre arabe, 900
Cette forme classique de bateau existe encore aujourd'hui. La voile triangulaire est dite « latine ».

Galion espagnol, 1580
Ces bateaux lourdement armés s'avéraient peu maniables au combat.

Corsaire barbaresque, 1660
Ces galères musulmanes d'Afrique du Nord étaient actionnées par des rameurs esclaves chrétiens.

Corsaire maltais, 1660
Les galères de Malte, à rameurs esclaves musulmans, attaquaient les corsaires barbaresques.

***Remarque* : l'échelle de ces navires n'est pas respectée.**

Goélette carrée, 1812
Les corsaires américains attaquaient les navires britanniques à l'aide de ces élégants vaisseaux à deux mâts.

Canonnière britannique, 1900
Au XXe siècle, peu de pirates pouvaient défier la puissance des patrouilles de canonnières.

L'acier et la vapeur remplacèrent le bois et les voiles et, avec l'apparition de la radio, les zones reculées n'échappèrent plus à la loi.

Bartholomew Roberts (« le Baronnet Noir »)

Christopher Moody

Edward Teach (« Barbe-Noire »)

Henry Avery (« Long Ben »)

John Rackham (« Calico Jack »)

Thomas Tew

Christopher Condent

▲ **Destinés à effrayer l'ennemi, les pavillons de pirates représentaient souvent des têtes de mort, des épées, des diables et des cœurs.**

Pavillons noirs et lunettes d'approche

Les premiers drapeaux pirates étaient rouge sang. On les hissait avant la bataille afin de prévenir l'adversaire que personne ne serait épargné. Dans les années 1690 puis au XVIIIe siècle, la plupart des capitaines de piraterie dessinèrent leurs propres étendards. Ils étaient blancs sur fond rouge ou, le plus fréquemment, noirs. C'est pourquoi on finit par les baptiser « pavillons noirs ».

▲ **Cette superbe bannière fut prise en 1849 à des pirates chinois qui croyaient qu'elle leur portait chance.**

Les flottes de pirates chinois étaient divisées en bataillons réunis sous un pavillon de couleur différente.

Les pirates devaient constamment guetter les autres vaisseaux. Un homme grimpait au grand mât pour scruter l'horizon. S'il fallait changer de cap, le capitaine criait ses ordres à l'équipage du gaillard d'arrière. Le Gallois Howell Davis trompait souvent ses adversaires en battant pavillon anglais ou français. Il obligeait aussi les navires qu'il venait de capturer à hisser un morceau d'étoffe noire afin que ses poursuivants croient avoir affaire à une vaste flotte de pirates.

Trouver son chemin

Pour naviguer, les marins ont besoin d'instruments. La boussole indique la direction suivie. Les cartes représentent les côtes, les bancs de sable, les courants et les marées. Le compas sert à mesurer les distances sur la carte. Avec la longue-vue ou « lunette d'approche », on peut identifier le pavillon d'un autre bateau ou apercevoir la terre.

▼ Ce pirate maintient la trajectoire du navire en tournant la roue qui actionne le gouvernail. Il consulte la boussole montée devant la roue.

▼ Son compagnon guette les pavillons ennemis à l'aide de sa longue-vue.

▲ L'arbalestrille permet de calculer la position du navire par rapport au Soleil.

UNE VIE DE VAGABOND

À quoi la vie à bord d'un bateau pirate ressemblait-elle ? Les grosses prises étaient rares et, entre deux batailles, la vie était dure et souvent misérable. Par temps calme, l'équipage s'ennuyait, buvait et se disputait violemment. Par gros temps, trempé, transi et meurtri, il était épuisé.

▼ **Ces pirates sont installés sur le pont près de la coquerie. L'un se détend en fumant sa pipe, l'autre croque dans une galette. Ces biscuits, que l'on emportait pour les longs voyages, étaient presque toujours rassis et grouillaient de charançons. Les réserves de viande, séchée ou salée, étaient peu nombreuses. On gardait des poules pour leurs œufs et on pêchait du poisson et des tortues. Souvent les réserves d'eau potable baissaient. Lors des naufrages, les survivants affamés se livraient parfois au cannibalisme.**

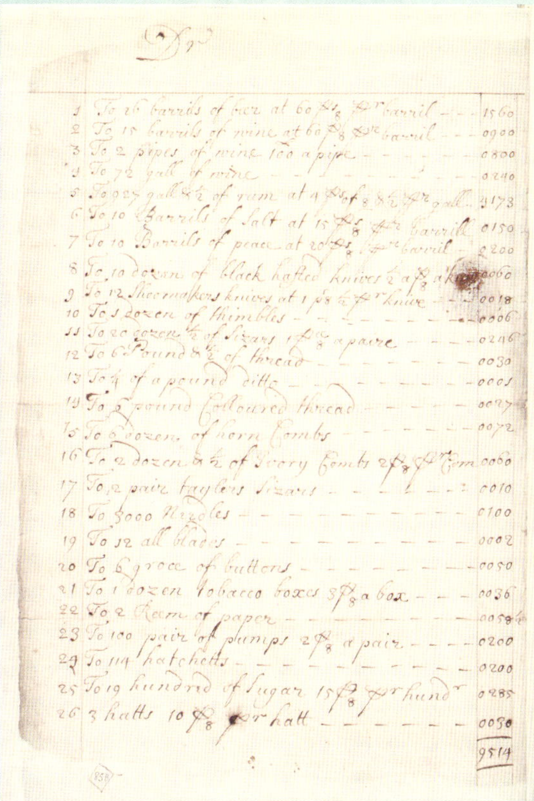

Dr

1	To 26 barrils of beer at 60 ps/8 per barril	1560
2	To 15 barrils of wine at 60 ps/8 per barril	0900
3	To 2 pipes of wine 100 a pipe	0800
4	To 72 gall of wine	0240
5	To 027 gall & ½ of rum at 4 ps of 8 & ½ per gall	3173
6	To 10 Barrils of salt at 15 ps/8 per barril	0150
7	To 10 Barrils of peace at 20 ps/8 per barril	0200
8	To 10 dozen of black hafted knives ½ a p/8 a knife	0060
9	To 12 Shoemakers knives at 1 p/8 ½ per knive	0018
10	To 1 dozen of thimbles	0006
11	To 20 dozen ½ of Sizars 1 p/8 a paire	0246
12	To 6 Pound & ½ of thread	0030
13	To ¼ of a pound ditto	0001
14	To 6 pound Colloured thread	0027
15	To 6 dozen of horn Combs	0072
16	To 2 dozen & ½ of Ivory Combs 2 p/8 per Com	0060
17	To 12 pair taylors Sizars	0010
18	To 2000 Needles	0100
19	To 12 all blades	0002
20	To 6 groce of buttons	0050
21	To 1 dozen tobacco boxes 3 p/8 a box	0036
22	To 2 Ream of paper	0058
23	To 100 pair of plumps 2 p/8 a pair	0200
24	To 114 hatchetts	0200
25	To 19 hundred of Sugar 15 p/8 per hundr	0285
26	3 hatts 10 p/8 per hatt	0030
		9514

Le journal de bord

Le capitaine notait la progression quotidienne du navire dans son journal de bord. Il décrivait aussi tous les événements de la journée, tel le décès ou le châtiment d'un membre de l'équipage. Cette page extraite d'un journal de bord anglais mentionne les fournitures achetées, peut-être lors d'une escale : bière, vin, rhum, sel, couteaux, dés, ciseaux, fil, peignes, tabac…

La nuit, les pirates qui n'étaient pas de quart dormaient à l'étroit sur les ponts inférieurs. Ce monde fermé et sombre grinçait et tanguait. Les rats, que les pirates chinois aimaient manger, pataugeaient dans l'eau croupie en dessous. Le jour, le soleil des tropiques brûlait la peau de l'équipage. En cas de maladie, il ne disposait d'aucun remède. Les membres blessés à la bataille étaient coupés sans anesthésie, souvent par le charpentier du navire. Les seuls plaisirs étaient le jeu de dés et le rhum.

► **En mer, les pirates mangeaient peu de fruits et de légumes frais et souffraient souvent du scorbut. En 1753, James Lind découvrit que les citrons notamment permettaient de prévenir cette maladie. L'explorateur James Cook fut le premier à suivre ses conseils et à inclure cet agrume dans l'alimentation de son équipage.**

Une activité lucrative

Devenir pirate, c'était « faire du profit ». La piraterie pouvait rapporter gros. Quoique faisant appel à la criminalité et à la violence, cette activité était bien organisée. Les capitaines pirates signaient un contrat avec leurs commanditaires. L'équipage calculait le partage du butin et obéissait à des règles strictes. Les châtiments allaient de la flagellation à la peine de mort.

▲ Les capitaines corsaires, tel William Kidd, recevaient des documents officiels appelés « lettres de marque » les autorisant à attaquer les navires ennemis sans être accusés de piraterie. Celle-ci est de Guillaume III d'Orange, roi d'Angleterre de 1650 à 1702.

◄ Ce riche marchand rédige un accord secret avec un capitaine pirate dans une taverne de New York. Les expéditions pirates coûtaient cher mais cela valait parfois vraiment la peine.

► **Lorsqu'un pirate enfreignait les règles, il subissait un châtiment exemplaire. Parfois ses compagnons l'abandonnaient sur une île déserte avec un peu d'eau potable, quelques armes et de la poudre.**

Tout au long de leur histoire, les pirates se sont fixé des règles. Souvent l'équipage votait la ligne de conduite à suivre. Se considérant comme des hommes libres, ils décidaient par eux-mêmes, contrairement aux autres marins.

Leurs sentences étaient souvent très rudes. S'ils capturaient un officier de marine sous lequel ils avaient servi, ils le traitaient avec une grande cruauté. Bien que le supplice de la planche mentionné dans les livres d'histoire fût rarement appliqué, les prisonniers étaient souvent torturés ou tués, puis jetés aux requins.

Indemnités

Si les pirates acceptaient les règles, leur capitaine et ses commanditaires étaient censés dédommager toute blessure reçue au combat. Un doigt ou un œil perdu au combat à l'épée pouvait valoir cent pièces d'argent. Un membre déchiqueté par un boulet de canon atteignait jusqu'à six cents pièces d'argent.

Bagarres incessantes

Les armes volées valaient une fortune pour les pirates. Les boucaniers des Antilles aimaient parader avec des sabres et des pistolets. Ils s'en servaient autant entre eux que contre leurs ennemis. Une fois, Barbe-Noire brisa la rotule d'Israel Hands, son second, en tirant une balle sous la table. Hors-la-loi, les pirates n'avaient rien à perdre dans le combat à mort. Lorsque Barbe-Noire finit par se faire prendre, il fallut cinq balles et vingt coups de sabre pour le tuer.

Pas de fumée sans feu

Dans l'Antiquité, les Asiatiques et les Européens lançaient sur les navires ennemis un mélange d'huile et de goudron enflammé, le « feu grégeois ». Les Chinois inventèrent la poudre il y a près de mille ans. Au XIVe siècle, on l'utilisait dans les premiers canons. Ces derniers explosaient souvent, tuant les canonniers au lieu d'abattre l'ennemi. Les canons des pirates des XVIIe et XVIIIe siècles étaient plus fiables. Les pirates fabriquaient aussi leurs propres bombes incendiaires et grenades à main.

Armes d'assassins

Tout au long de l'histoire, les pirates se sont servis des armes qui leur tombaient sous la main. En Manche, les pirates du Moyen Âge livraient bataille avec de simples gaffes et couteaux. Dans les années 1720, un pirate gentilhomme disposait parfois d'élégants pistolets. L'arme pirate la plus célèbre était le sabre d'abordage, une courte épée à lame d'acier, tranchante comme un rasoir.

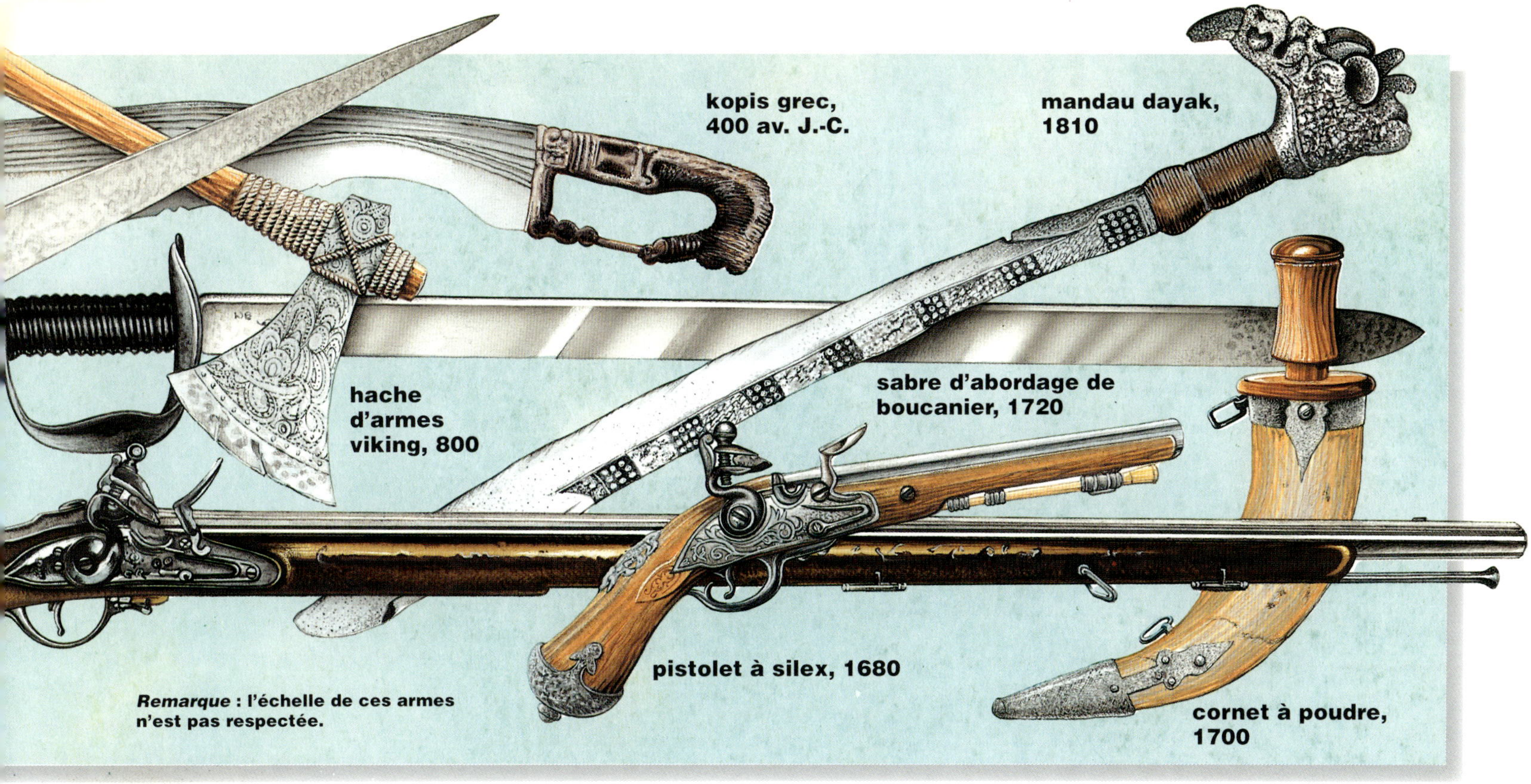

Remarque **: l'échelle de ces armes n'est pas respectée.**

◀ Les gros canons étaient montés sur roues. On tassait la charge de poudre dans le fût, puis on chargeait le boulet et on allumait la mèche. Le coup tiré, le canon, maintenu par des cordes, reculait avec force. Lorsque le boulet atteignait le navire ennemi, les mâts et les espars déchiquetés s'effondraient.

Les équipages pirates édictaient de nombreuses règles quant à l'armement personnel. Chacun devait s'assurer du bon fonctionnement de ses armes, prêtes à servir à tout moment. Les mousquets devaient donc être nettoyés et la poudre sèche, même par gros temps.

Les mousquets à long canon et les pistolets utilisés par les tireurs d'élite boucaniers des années 1660 manquaient de fiabilité, visaient mal et étaient lents à recharger. Pour le corps à corps, les pirates utilisaient sabres, dagues et haches. Ils mordaient et envoyaient de violents coups de pied et de poing.

Trésors de pirates

À quoi les pirates rêvaient-ils ? Des Ciliciens de la mer Méditerranée aux flibustiers du XVIIe siècle, tous étaient avides d'or et d'argent. Qu'ils fussent lingots, vaisselle, coupes, croix religieuses ou pièces de monnaie, les métaux précieux, les bijoux et les armes se transportaient et se vendaient facilement. Les cargaisons de sucre ou de tabac s'écoulaient tout aussi aisément. Les épices des *indiamen* valaient une fortune mais il fallait les jeter si elles ne trouvaient pas d'acheteur.

▲ L'équipage se partageait le butin selon les termes du contrat. Les prises pouvaient atteindre plusieurs millions de notre monnaie actuelle.

Certains capitaines tentaient de tromper leurs hommes en prenant le large avant le partage du trésor.

► Il existe peu de traces de trésors enfouis ou de cartes secrètes. Les pirates accostaient peut-être la nuit sur des îles lointaines pour cacher leur trésor. Il est également possible qu'ils aient suivi l'exemple des anciens contrebandiers qui ancraient leurs marchandises au fond de la mer à l'aide de pierres.

Dollars espagnols
Les pièces frappées dans les Antilles retournaient en Europe sur les galions. Il s'agissait de doublons et de reales espagnols. *Reale* signifie « royal » en espagnol, mais les boucaniers appelaient ces pièces des « dollars ». Elles furent en usage aux Antilles durant de nombreuses années.

Lors des pillages, les pirates prenaient tout ce qui pouvait leur servir, notamment les armes, les outils, les armoires à pharmacie, les drapeaux, les cordes et les voiles. Souvent ils s'emparaient du navire entier, forçant l'équipage à se joindre à eux. Les bateaux inutiles étaient sabordés, c'est-à-dire coulés. C'est dans les années 1630 qu'eut lieu le premier sabordage, exécuté par un corsaire nommé David Jones.

Magots cachés
Les chasseurs de trésors n'ont sans doute jamais trouvé de coffres remplis d'or cachés par des pirates, mais ils ont découvert des magots mis à l'abri des pirates. Les riches Romains d'Angleterre dissimulaient aux Saxons leurs objets de valeur. Les moines enterraient les trésors d'église afin qu'ils échappent aux Vikings. Aux Antilles, les prêtres peignirent en blanc un autel d'or massif afin de tromper les boucaniers de Morgan.

Mort d'un pirate

Peu de pirates jouirent de leur fortune. Certains, dont le corsaire anglais Sir Henry Mainwaring, obtinrent la grâce royale et se firent chasseurs de pirates. La plupart mouraient dans des pays lointains, lors de combats violents. Thomas Tew fut abattu en 1695 durant l'attaque du navire moghol *Fateh Mohammed*. Thomas Anstis fut assassiné aux Antilles vers 1723 par son équipage. François l'Ollonois fut capturé et tué par des guerriers indigènes des Antilles. Ceux qui parvinrent à rentrer, tel Henry Avery, moururent souvent sans un sou et oubliés de tous.

Mort de William Marsh

William de Marisco, ou Marsh, était un pirate installé sur l'île de Lundy, dans le canal de Bristol. Il fut capturé en 1242 et emmené à Londres. Traîné à travers les rues, il fut ensuite pendu, écartelé et brûlé.

► La foule londonienne se massait sur le « Quai de la Mort », au bord de la Tamise, pour assister à la pendaison des pirates. Leurs corps étaient enchaînés afin que personne ne les dérobe pour les enterrer. Le corps de Kidd, enduit de goudron, fut accroché à un gibet en 1701.

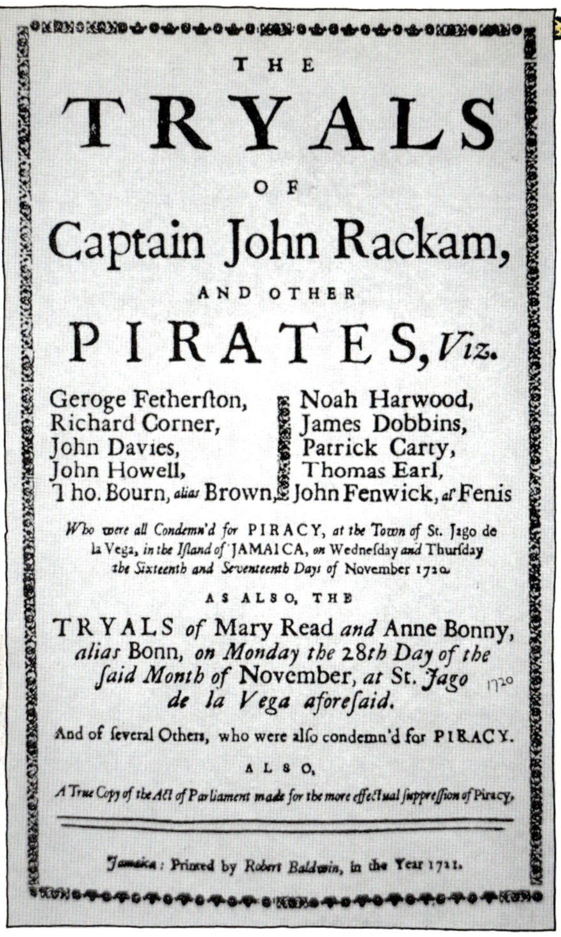

THE

TRYALS

OF

Captain John Rackam,

AND OTHER

PIRATES, *Viz.*

Geroge Fetherſton,	Noah Harwood,
Richard Corner,	James Dobbins,
John Davies,	Patrick Carty,
John Howell,	Thomas Earl,
Tho. Bourn, *alias* Brown,	John Fenwick, *al* Fenis

Who were all Condemn'd for PIRACY, *at the Town of* St. Jago de la Vega, *in the Iſland of* JAMAICA, *on* Wedneſday *and* Thurſday *the Sixteenth and Seventeenth Days of* November 1720.

AS ALSO, THE

TRYALS *of* Mary Read *and* Anne Bonny, *alias* Bonn, *on Monday the 28th Day of the ſaid Month of* November, *at* St. *Jago de la Vega aforeſaid.*

1720

And of ſeveral Others, who were alſo condemn'd for PIRACY.

ALSO,

A True Copy of the Act of Parliament made for the more effectual ſuppreſſion of Piracy,

Jamaica: Printed by *Robert Baldwin*, in the Year 1721.

▲ Des affiches étaient placardées, avisant le public des procès intentés contre les pirates : « Procès du capitaine John Rackham, et autres pirates [...] tous condamnés pour piraterie, dans la ville de Santiago de la Vega, sur l'île de la Jamaïque, les mercredi et jeudi 6 et 7 novembre 1720. Et procès de Mary Read et Anne Bonny, *alias* Bonn, le lundi 28 dudit mois de novembre, à Santiago de la Vega. Et de plusieurs autres, également condamnés pour piraterie. Et ampliation de la loi édictée pour une meilleure éradication de la piraterie [...] ».

Très tôt, on édicta de dures lois contre la piraterie. Les pirates capturés étaient torturés et asservis, ou bien condamnés à mort. L'exécution avait souvent lieu sur le quai d'un port. Les corps exposés signifiaient à tous que la piraterie ne paie pas.

CHANGEMENT D'ÉPOQUE

Les pirates européens qui écumèrent les mers du XVIe au XIXe siècle œuvrèrent à l'époque où l'Europe tentait de dominer le reste du monde en édifiant de vastes empires à l'étranger. Certains pirates s'attaquèrent à eux. D'autres, dont Henry Morgan, contribuèrent à leur création.

▼ Le 13 novembre 1809, le repaire de pirates de Ras al-Kaïmah, dans le golfe Persique, fut détruit par un corps expéditionnaire britannique. Dès lors, la piraterie fut menacée dans le monde entier.

▲ Ces pirates chinois captifs ont été photographiés à bord d'un patrouilleur britannique.

La lutte contre les pirates en mer de Chine dura des années 1840 aux années 1920.

Vers 1850, la piraterie commença à décliner. Le monde se trouvait presque entièrement sous le joug européen. Le commerce était contrôlé par des nations disposant des navires et des armements les plus puissants. Le bombardement d'Alger en 1816 marqua la fin du règne des corsaires barbaresques en Méditerranée. L'esclavage fut aboli peu à peu. Les bâtiments de guerre hollandais patrouillaient en Asie du Sud-Est, les Britanniques en mer de Chine méridionale.

► En 1840, l'explorateur britannique James Brooke devint rajah, ou seigneur, de Sarawak, sur l'île de Bornéo. Il organisa une série d'attaques dévastatrices contre les pirates dayaks.

La piraterie moderne

La piraterie n'a pas totalement disparu. Au cours de ces dernières années, des groupes politiques ont détourné des bateaux, menaçant de tuer équipage et passagers si leurs exigences n'étaient pas satisfaites. Dans le Sud-Est asiatique, les pirates ont attaqué les navires locaux ainsi que les pétroliers géants et les porte-conteneurs. Des voiliers de luxe ont également été pillés dans les Antilles.

► **Les pirates comptent toujours sur la vitesse et la surprise. Ils se déplacent dans des canots rapides armés de fusils d'assaut. Les navires modernes sont dirigés par de petits équipages aisément maîtrisés.**

S'ils se contentent parfois de voler les montres, les caméscopes, les appareils photo et l'argent de l'équipage, les pirates modernes peuvent aussi détourner le bateau pour revendre sa cargaison.

Les gens ont toujours adoré les histoires de pirates. Au XVIIIe siècle, les boucaniers inspirèrent des chansons, des pièces de théâtre et des romans. Au XIXe et au début du XXe siècle, les héros des livres devinrent même plus célèbres que les vrais pirates. Pourtant, il ne faut pas oublier la réalité. La froide lame d'acier d'un sabre pointé entre les côtes ou la vue d'un pavillon à tête de mort n'avaient certainement rien de plaisant pour les victimes de ces criminels.

▶ Long John Silver, avec sa jambe de bois et son perroquet, est le personnage principal de *L'Île au trésor*, la plus célèbre histoire de pirates. Elle fut écrite par l'Écossais Robert Louis Stevenson en 1881, pour son petit-fils. Il est question d'une carte, d'un trésor enfoui et d'une mutinerie menée par Long John Silver à bord de l'*Hispaniola*.

▲ Cette scène est tirée du film *L'Île aux pirates*, sorti en 1995. Depuis les années 1920, les films décrivent les aventures de boucaniers beaux et romantiques. Il est rare que les pirates soient montrés tels qu'ils étaient en réalité : des hommes désespérés, affamés, en loques, cruels et violents.

Livres et films de pirates

ROMANS

À l'abordage, Mamadou Courage ! Jean-Loup Craipeau, collection Pleine Lune, Nathan, 1996.

L'Île au trésor, R.L. Stevenson. Première édition 1883.

Peter Pan, J.M. Barrie. Première édition 1904.

DOCUMENTAIRES

Tous les secrets du pirate, Margarette Lincoln, Autrement Jeunesse, 1996.

Corsaires et Pirates, Richard Platt, collection Les Yeux de la Découverte, Gallimard, 1995.

FILMS

L'Île aux pirates, 1995, avec Geena Davis.

Hook, 1991, avec Dustin Hoffman et Julia Roberts.

Pirates, 1986, avec Walter Matthau.

Les vieux films sont également nombreux sur le sujet. *Capitaine Blood*, 1935, avec Errol Flynn et Olivia de Havilland est sans doute l'un des meilleurs, ainsi que *Le Corsaire rouge*, 1952, avec Burt Lancaster.

Galerie de portraits

Alwilda
(Ve siècle)
Princesse de l'île suédoise de Gotland, elle serait devenue pirate pour échapper au mariage arrangé par son père. Elle changea d'avis au sujet de son futur époux lorsque ce dernier la captura au cours d'une bataille en mer.

Kanhoji Angria (mort en 1729)
Kanhoji Angria fut le premier de sa famille à attaquer les navires britanniques au large de la côte occidentale indienne au XVIIIe siècle.

Henry Avery (« Long Ben »)
(1685-v.1728)
Ce « Roi de la mer » anglais devint célèbre lors de sa brutale et profitable attaque contre le navire moghol *Gang-i-Sawai* en mer d'Arabie.

Arudj Barberousse (mort en 1518) **et Khayr al-Dîn Barberousse** (mort en 1546)
D'origine grecque, les frères Barberousse établirent la puissance des corsaires barbaresques au XVIe siècle, attaquant les navires chrétiens et les villes côtières du littoral méditerranéen.

Jean Bart (1651-1702)
Ce fils de pêcheur né à Dunkerque écumait la mer du Nord et la Manche. Il servit dans la marine hollandaise avant de remporter d'innombrables succès en tant que corsaire français. Il réussit une célèbre évasion en barque depuis Plymouth, dans le Devon.

Bartolomeo le Portugais
(années 1660-1670)
Réputé pour ses évasions, ce boucanier portugais fut l'un des premiers à s'installer en Jamaïque. Sa chance finit par l'abandonner dans un naufrage.

Sam « Black » Bellamy
(années 1715-1717)
Ce natif du Devon cingla vers le cap Cod, en Amérique du Nord, vers 1715. Attiré par les trésors espagnols, il se fit pirate en Floride. En 1717, il captura le *Whydah* et périt lors d'une violente tempête qui fit sombrer le navire.

Stede Bonnet (mort en 1718)
Cet homme respectable d'âge moyen devint subitement un criminel. Barbe-Noire s'amusait beaucoup de son costume et de son allure. Il fut pendu dans le port de Charleston, en Amérique du Nord, en 1718.

Anne Bonny (année 1719)
Cette Irlandaise quitta son mari pour « Calico Jack » Rackham aux Bahamas. Au XVIIIe siècle, les femmes étaient interdites sur la plupart des vaisseaux pirates. Lorsque Rackham fut pendu en Jamaïque, elle fut graciée en raison de sa grossesse.

Roche Brasiliano
(années 1670)
Ce boucanier hollandais vécut au Brésil avant de se rendre en Jamaïque dans les années 1670. Célèbre pour sa cruauté, cet ivrogne terrorisa les navires espagnols après avoir été élu capitaine pirate.

Nicholas Brown (mort en 1726)
Ce « Grand Pirate » attaquait les navires au large de la Jamaïque. Il fut capturé par John Drudge, un ami d'enfance, qui lui trancha la tête et la mit à macérer dans le vinaigre.

Madame Cheng
(années 1807-1810)
Cette femme brutale prit la tête de la flotte de son mari défunt et la transforma en une immense organisation. Sa cruauté la rendit célèbre dans toute la mer de Chine méridionale.

Christopher Condent
(années 1718-1720)
Originaire de Plymouth, dans le Devon, il entreprit le « tour du monde des pirates » et attaqua les navires au large des côtes africaines et arabes, avant de se retirer à Saint-Malo, en France.

Chui Apoo (mort en 1851)
Ce pirate chinois commandait une flotte de plus de 500 jonques dans la mer de Chine méridionale du XIXe siècle. Les bâtiments de guerre britanniques mirent un terme à ses activités.

William Dampier
(1652-1715)

Originaire du Somerset, il combattit aux côtés des boucaniers d'Amérique centrale. Il fut abandonné dans l'archipel de Nicobar, dans l'océan Indien, mais il parvint à s'en échapper en canot et publia son *Voyage autour du monde* (1697). Excellent navigateur, il explora par la suite les eaux australiennes.

Simon Danziger ou Dansker (Dali Reis ou « Capitaine Diable ») (mort en 1611)
Corsaire hollandais parti de Marseille, il rejoignit les corsaires barbaresques. Il captura de nombreux navires chrétiens et enseigna aux musulmans la navigation dans l'Atlantique Nord. Ensuite, il changea à nouveau de camp avant d'être capturé et pendu à Tunis.

Howell Davis (année 1719)
Pirate gallois, Davis pillait les navires d'esclaves au large de la côte guinéenne, en Afrique. Il fut tué lors d'une embuscade dans la colonie portugaise de Principe.

Francis Drake (v. 1540-1596)
Drake fut un grand marin et explorateur anglais. Entre 1578 et 1580, il effectua le tour du monde à bord du *Golden Hind*, devint pirate puis corsaire et fut fait chevalier par la reine Élisabeth Ire à son retour.

René Duguay-Trouin
(1673-1736)
Ce corsaire breton né à Saint-Malo s'illustra si bien lors de ses attaques contre les navires anglais qu'il fut nommé commandant de la marine et reçut de nombreux honneurs publics.

Peter Easton
(années 1607-1612)
Pirate anglais à la tête de 17 navires, il écuma les mers de Terre-Neuve à l'Afrique de l'Ouest. Après avoir fait fortune, il s'installa dans le Midi et fut fait marquis.

Edward England (mort v. 1720)
Il s'agirait d'un Irlandais nommé Jasper Seager. Il cabota avec Bartholomew Roberts le long de la côte guinéenne puis fut abandonné sur l'Île Maurice.

Eustace « le Moine Noir »
(XIIIe siècle)
Devenu hors-la-loi, ce moine né en Flandres pillait les navires dans la Manche. Il aurait signé un pacte avec le Diable afin de rendre son vaisseau invisible. Vaincu cependant au cours d'une bataille navale en 1217, il eut la tête tranchée.

John Evans (années 1720)
Ce marin gallois, installé à Port Royal, se mit à piller la côte jamaïcaine avec ses compagnons d'équipage et captura de nombreux bateaux. Il fut abattu au large des îles Caïmans.

Alexandre Olivier Exquemelin
(années 1660-1690)
Sans doute né en Flandres, Exquemelin était un chirurgien qui se rendit aux Antilles avec la Compagnie française des Indes occidentales et se joignit aux boucaniers de l'île de la Tortue. De retour en Europe, il publia *Histoire des aventuriers qui se sont signalés dans les Indes* (titre de la première édition française, 1686) avant de repartir à l'aventure dans les années 1690.

Jean Fleury ou Florin
(mort en 1527)
L'un des premiers corsaires français à attaquer une flotte de galions espagnols, Fleury travaillait au service du vicomte de Dieppe.

Antonio Fuet
(années 1660-1690)
Ce pirate français originaire de Narbonne était connu sous le nom de Capitaine Moidore. Manquant de munitions lors d'une attaque, il chargea en effet ses canons de moidores, pièces d'or utilisées au Portugal et au Brésil.

Klein Hänslein (mort en 1573)
Ce pirate allemand écuma la mer du Nord jusqu'au jour où il se fit prendre avec son équipage et décapiter à Hambourg.

John Hawkins (1532-1595)
Corsaire originaire de Plymouth, dans le Devon, Hawkins fut l'un des premiers marchands d'esclaves à effectuer le voyage entre l'Afrique de l'Ouest et les Antilles.

Victor Hugues
(années 1790)
Né à Marseille, ce Français fit faillite en Haïti lorsque les esclaves demandèrent leur liberté. Il se tourna alors vers la piraterie et fit fortune en menant ses attaques depuis la Guadeloupe.

Jan Jansz (Murad Reis)
(années 1620)
Ce corsaire hollandais rejoignit les Barbaresques. En 1627, il conduisit une flotte musulmane en Islande.

John Paul Jones (1747-1792)

Cet Écossais devint un héros américain dans la guerre d'indépendance. Attaquant les navires dans les eaux britanniques, il fut condamné pour traîtrise et piraterie. Devenu vice-amiral dans la marine russe, il est mort en France.

William Kidd (v. 1645-1701)
Kidd était un capitaine écossais qui vécut à New York. Employé comme corsaire, il devant néanmoins pirate dans l'océan Indien et fut pendu à Londres en 1701.

Mary Killigrew (années 1580)
En 1583, un navire marchand espagnol fut contraint par la tempête d'accoster en Cornouailles. Mary Killigrew prit la tête d'une bande de pillards qui abordèrent le vaisseau, décimèrent l'équipage et s'emparèrent de la cargaison. Condamnée à mort pour piraterie, elle fut ensuite relâchée.

Jean Lafitte (années 1810)
Ce Français piratait les navires dans la mer des Antilles et l'océan Indien. Il devint un grand brigand à La Nouvelle-Orléans puis fut porté aux nues par les Américains pour les avoir défendus contre les Britanniques en 1812.

François Le Clerc
(années 1553-1554)
Ce Français pillait les navires espagnols au large de Porto Rico et d'Hispaniola. En 1533, il devint le premier corsaire français officiel avec une lettre de marque d'Henri II. Il mit à sac le port de Santiago de Cuba.

François l'Ollonois (Jean-David Nau)
(années 1660)
Né aux Sables-d'Olonne, Nau fut un boucanier cruel. Il prit part à de nombreux raids terribles dans les Antilles avant de se faire capturer, découper en morceaux et griller sur le feu par des guerriers indigènes.

George Lowther
(années 1720)
Lowther navigua jusqu'en Afrique de l'Ouest en tant que second sur un navire marchand, le *Gambia Castle*, se mutina et prit le vaisseau qu'il rebaptisa *Delivery*. Il se lança dans la piraterie le long des côtes antillaises et nord-américaines.

En 1728, ses compagnons furent attaqués alors qu'ils carénaient le navire. On pense que Lowther s'est suicidé.

Henry Mainwaring
(1587-1653)
Ce chevalier anglais chasseur de pirates finit par devenir lui-même pirate. Installé au Maroc dès 1612, il passa quatre ans à attaquer les navires en Méditerranée avant d'obtenir sa grâce en Angleterre.

William Marsh ou de Marisco (mort en 1242)
Virulent ennemi du roi Henri III d'Angleterre, Marsh s'installa sur l'île de Lundy. De là, il pillait les navires de la mer d'Irlande, exigeant des rançons pour ses prisonniers.

Henry Morgan (v. 1635-1688)
Ce boucanier gallois fut enlevé dans le port de Bristol dans sa jeunesse et emmené à la Barbade. Aux Antilles, il devint le plus grand organisateur des armées de boucaniers contre les Espagnols, menant des opérations d'une grande précision militaire mais sans merci. Il reçut les honneurs des autorités britanniques en Jamaïque avant de mourir d'alcoolisme.

Grace O'Malley
(années 1560-1580)
Cette aristocrate irlandaise pillait la côte occidentale d'Irlande, dans la région de Clew Bay. En 1593, elle obtint une grâce et une pension de la part de la reine Élisabeth Ire. Elle prit alors sa retraite, laissant son activité aux soins de ses fils.

James Plantain (années 1720)
Ce pirate jamaïcain s'installa à Madagascar. Il édifia une forteresse et se proclama roi. Il aurait vécu dans le luxe, entouré de plusieurs épouses.

John Rackham (« Calico Jack ») (mort en 1720)
John Rackham et Anne Bonny fondèrent une association de pirates aux Bahamas en 1719. Rackham fut pendu en Jamaïque en 1720. « S'il s'était battu comme un homme, déclara Anne Bonny, il n'aurait pas été pendu comme un chien. »

Raga (années 1820)
Chef des pirates malais dans le détroit de Macassar, Raga prit de nombreux navires européens. Son repaire de Kuala Batu fut détruit par un groupe armé américain.

Rahmah bin Jabr
(v. 1756-1826)
Le plus célèbre des pirates du golfe Persique pilla des navires durant un demi-siècle. À soixante-dix ans, face à la flotte de Bahreïn, ce borgne périt en mettant le feu au magasin de poudre de son propre boutre.

Sir Walter Raleigh
(1552-1618)
Membre de la cour élisabéthaine et navigateur, Raleigh arma de nombreuses expéditions corsaires en vue de fonder une nouvelle colonie en Amérique du Nord. À la mort de la reine Élisabeth Ire, sa chance tourna. En 1616, il persuada Jacques Ier de l'envoyer à nouveau chercher de l'or mais il revint les mains vides et fut décapité.

Mary Read (année 1719-1720)
Anglaise souvent vêtue comme un homme, elle participa à la guerre de Flandres, puis tint une auberge avant de s'embarquer pour les Antilles. Son bateau pris par Rackham et Bonny, elle se joignit à leur équipage. Comme Bonny, elle échappa aux galères parce qu'elle était enceinte. Elle mourut de fièvre en Jamaïque en 1721.

Basil Ringrose (v. 1653-1686)
Ce chirurgien anglais voyagea au Panama avec Bartholomew Sharp et ses boucaniers de 1680 à 1682, puis rédigea ses mémoires. Il fut tué au Mexique.

Bartholomew Roberts (le « Baronnet Noir »)
(1682-1722)
Capitaine gallois, Roberts aurait pris 400 navires au large de l'Afrique de l'Ouest et des Antilles. Sa plus grosse prise fut la capture de la *Sagrada Familia*, vaisseau portugais transportant une fortune en pièces, diamants et produits du Brésil.

Abraham Samuel
(années 1690)
Métis africano-européen, le Jamaïcain Abraham Samuel se proclama « roi » des pirates de Fort-Dauphin, à Madagascar, à l'époque du « tour du monde des pirates ».

Richard Sawkins
(mort en 1680)
Ce boucanier des Antilles attaqua les navires espagnols et sema la marine anglaise. Il fut tué à Pueblo Nuevo.

Störtebeker (années 1390)
Cet ancien marchand réunit la fameuse bande de pirates « Les amis de Dieu ennemis du monde ». Ils écumèrent la mer Baltique et attaquèrent la ville norvégienne de Bergen. Il fut exécuté en 1402.

Robert Surcouf
(1773-1827)
Originaire du port de Saint-Malo, ce fameux corsaire attaqua les navires britanniques dans l'océan Indien avec grand succès. Il captura le *Triton* en 1795 et le *Kent* en 1800.

Sven Ier « à la barbe fourchue »
(mort en 1014)
Roi viking du Danemark, il vainquit et tua son propre père, Harald à la dent bleue. Il dirigea de nombreux raids en Angleterre, percevant d'énormes rançons.

Edward Teach ou Thatch (« Barbe-Noire »)
(mort en 1718)
Fou sanguinaire à la barbe et aux cheveux longs tressés, Barbe-Noire terrorisa la côte d'Amérique du Nord avant d'être tué au combat. Il devint alors célèbre dans le monde entier.

Thomas Tew (mort en 1695)
Né à Rhode Island, Tew attaqua les navires moghols de l'océan Indien à bord de l'*Amity*. Il fit fortune dès son premier voyage mais fut tué lors du second.

Charles Vane
(mort en 1720)
À son arrivée à New Providence, en 1718, Vane était déjà un célèbre desperado fanfaron et brutal. Il terrorisa les Antilles mais perdit son navire dans une tempête en 1720. Jugé à Spanish Town, en Jamaïque, il fut condamné à la pendaison.

Francis Verney (1584-1615)
Ce gentilhomme anglais se fit corsaire barbaresque à l'âge de 23 ans. Installé à Alger, il attaqua les vaisseaux britanniques, mais fut capturé et réduit en esclavage.

John Ward (Yousouf Reis)
(v. 1553-1662)
Capitaine de la marine marchande anglaise, Ward devint corsaire barbaresque à Tunis où il mourut de la peste.

Glossaire

Les noms se rapportant aux différentes parties d'un navire sont expliqués pages 34 à 37.

arbalestrille Instrument utilisé jadis pour calculer la position d'un navire.

archéologue Personne qui étudie les vestiges historiques tels que les ruines et les épaves.

aurique (voile) Qui a la forme d'un quadrilatère irrégulier et est fixée à un étai.

beaupré Mât placé à l'avant du navire, plus ou moins obliquement.

bernaches Petits crustacés qui s'incrustent sur les rochers sous-marins et les coques de navires en bois.

pavillon noir

blocus Fait d'empêcher les navires ou les marchandises d'atteindre un port.

boucanier Nom donné aux hors-la-loi qui s'installèrent dans les îles des Antilles et se lancèrent dans la piraterie à partir de 1630.

boussole Instrument magnétique de navigation servant à indiquer le nord.

boutre Voilier arabe à voile triangulaire.

butin Marchandises volées ou obtenues par la force.

cabestan Treuil horizontal actionné par l'équipage d'un navire pour hisser l'ancre.

calfater Boucher les interstices d'un navire à l'aide d'étoupe goudronnée.

cabestan

cannibalisme Fait de manger de la chair humaine.

canon Grosse pièce d'artillerie montée sur roues.

caravelle Petit trois-mâts utilisé par les Espagnols et les Portugais au XVe et au début du XVIe siècle.

carénage Nettoyage et réparation des navires échoués.

colonie Établissement d'une population dans un pays étranger, ou pays dirigé par un autre pays.

contrebandier Personne qui importe des marchandises illégalement afin d'éviter de payer l'impôt.

coque Enveloppe extérieure d'un navire.

coquerie Cuisine d'un bateau.

cornet à poudre Récipient renfermant la poudre à canon nécessaire pour le tir au mousquet.

corsaire Marin habilité par son gouvernement à capturer des bâtiments de commerce ennemis, notamment en Méditerranée et au nord de la France, ou navire utilisé par le corsaire.

détourner Contraindre à changer de direction.

dollar espagnol Ancienne pièce de monnaie espagnole.

doublon Pièce d'or espagnole.

drakkar Voilier des guerriers vikings.

eau de cale Eau croupie qui s'amassait au fond des anciens voiliers.

empire Vaste ensemble de territoires dirigés par un seul et même gouvernement.

épisser Réunir deux cordes.

figure de proue

épissoir Poinçon métallique servant à écarter les fils d'un cordage.

esclave Personne privée de sa liberté et contrainte de travailler pour quelqu'un.

espar Longue pièce de bois utilisée pour soutenir les voiles.

étoupe Fibres de cordage utilisées pour calfater.

figure de proue Personnage en bois peint et sculpté, placé à l'avant d'un navire.

flibuste Ensemble des flibustiers.

flibustier Boucanier français de la mer des Antilles.

fortin Ouvrage destiné à protéger un lieu par des canons.

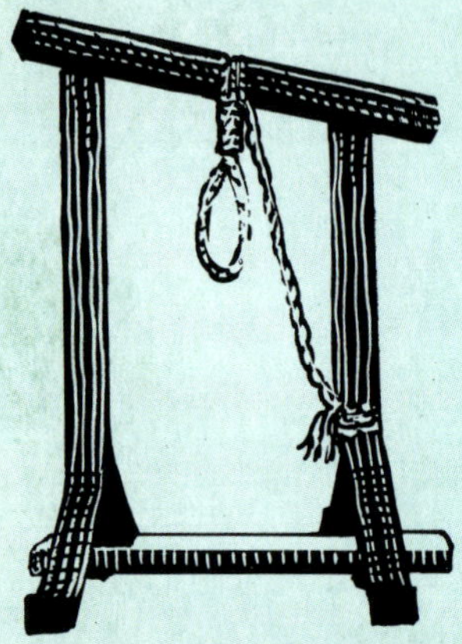

gibet

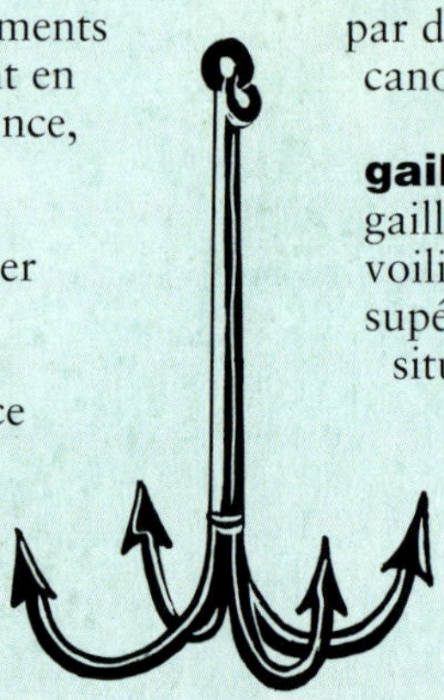

grappin

gaillard Vient de château gaillard, ou château fort. Sur les voiliers, partie extrême du pont supérieur. Le gaillard d'avant est situé à l'avant du grand mât.

galère Bâtiment de guerre à rames.

galion Gros navire utilisé par les Espagnols aux XVIe et XVIIe siècles.

gibet Potence où l'on exécutait les criminels condamnés à la pendaison.

goélette Voilier rapide à deux mâts.

gouvernail Plan mince et orientable fixé à l'arrière d'un navire pour le diriger.

grappin Petite ancre à quatre pointes recourbées permettant d'accrocher un navire ennemi et de l'aborder.

gréement Ensemble des cordages supportant les mâts et les voiles d'un navire.

grenade Petite bombe lancée à la main.

guet Surveillance.

Îles aux épices Ancien nom donné aux îles d'Asie du Sud-Est qui produisent des épices.

impôt Somme d'argent versée à l'État.

indemnité Somme versée à titre de compensation pour une blessure ou une perte.

indiamen (sing. indiaman) Nom donné, au XVIIIe siècle, aux navires anglais de la Compagnie des Indes orientales qui

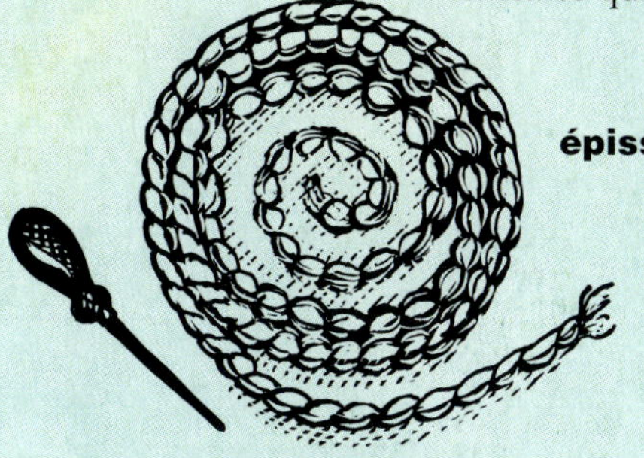
épissoir

faisaient régulièrement le trafic entre Londres et Calcutta ou Madras.

jonque Grand voilier en bois chinois.

journal de bord Compte rendu quotidien de la navigation d'un bateau.

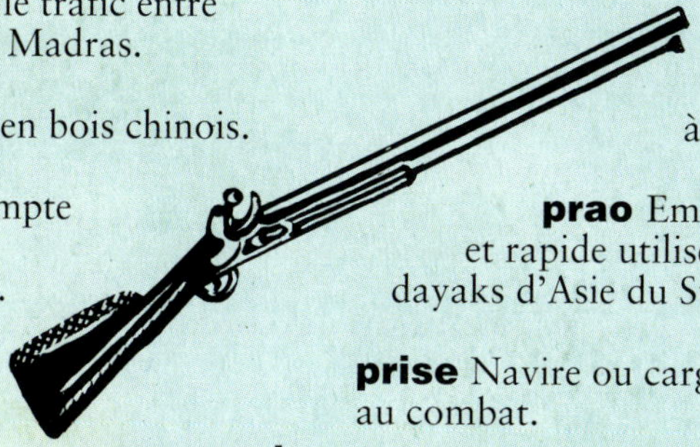
mousquet

lest Poids dont on charge un navire pour en abaisser le centre de gravité et en assurer ainsi la stabilité.

lettres de marque Documents officiels d'habilitation remis aux corsaires.

magasin Réserve de poudre à canon.

dollars espagnols

magot Somme d'argent amassée et cachée.

maître d'équipage Contremaître.

mousquet Arme à long canon qui précéda le fusil.

navire marchand Bâtiment destiné au transport des marchandises.

nœud Entrelacement de cordes, ou unité de vitesse correspondant à un mille marin à l'heure (1 852 km/h).

Nouveau Monde Terme européen désignant les Amériques lors de leur découverte.

pavillon à tête de mort Drapeau pirate.

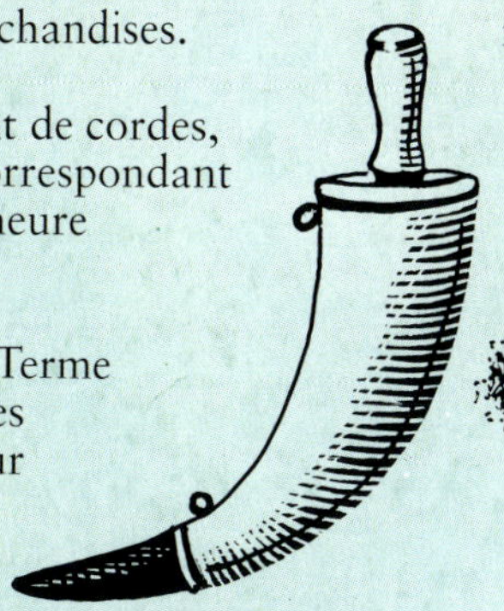
cornet à poudre

pavillon noir Drapeau noir et blanc utilisé par les pirates à partir des années 1690.

pirate Personne qui attaque les navires marchands ou les villages côtiers.

pirogue Canoë creusé dans le tronc d'un arbre.

plantation Vaste domaine produisant du tabac, de la canne à sucre ou du coton.

prao Embarcation légère et rapide utilisée par les pirates dayaks d'Asie du Sud-Est.

prise Navire ou cargaison capturé au combat.

prove Partie avant d'un navire.

quille Poutre située à la partie inférieure d'un navire et sur laquelle repose la charpente de la coque.

rançon Somme d'argent exigée pour la libération d'un prisonnier.

Rédempteur Prêtre chrétien qui recueillait des fonds afin de racheter les esclaves noirs chrétiens en Barbarie.

reis Capitaine au service des corsaires barbaresques.

rhum Forte boisson alcoolisée produite à partir de la canne à sucre.

rostre Éperon placé à l'avant des anciennes galères pour couler les vaisseaux ennemis.

saborder Couler volontairement un navire.

sabre d'abordage Sorte d'épée navale qui aurait été élaborée à partir des couteaux de chasse des premiers boucaniers.

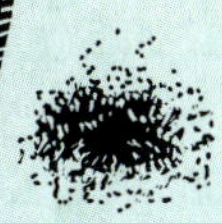

scorbut Maladie de la peau et des gencives due à un manque de vitamine C. Les marins en souffraient souvent car ils ne mangeaient pas suffisamment de fruits et de légumes.

second Officier de marine qui commande à bord, immédiatement après le commandant.

sloop Petit voilier rapide à mât unique.

sous le vent Côté abrité d'un navire ou d'un rivage par opposition à « contre le vent », le côté exposé.

épices
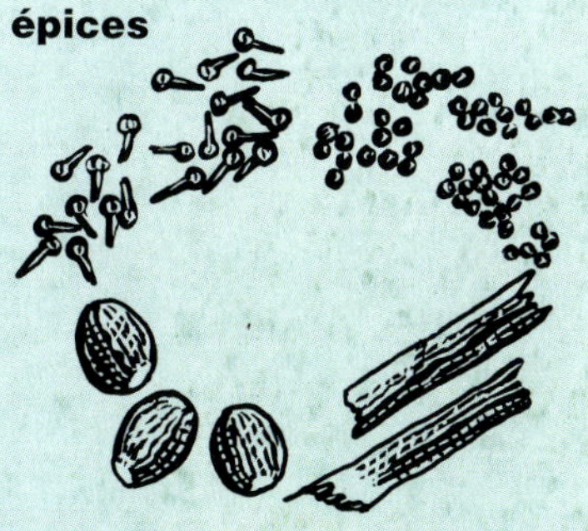

toile à voile Grosse toile servant à la réalisation des voiles.

tour du monde des pirates Trajet effectué entre l'Amérique du Nord ou les Antilles et l'Afrique de l'Ouest et l'océan Indien, et retour.

trésor Marchandises de grande valeur, tels l'or et l'argent.

trirème Galère à trois rangées de rameurs utilisée par les Grecs et les Romains.

typhon Violente tempête dans l'océan Pacifique.

vergue Espar disposé en croix servant à porter une voile.

Viking Guerrier marin scandinave qui vécut il y a environ 1 200 ans.

Index

Remerciements

Illustrations
John Batchelor pages 34-35, 36
Richard Berridge (Specs Art) 29 bd, 33bg et bd, 50-51, 53 cd
Peter Dennis (Linda Rogers Associates) 4-5, 6-7, 14-15, 16b, 17b, 18g, 20-21
Richard Draper 7bd, 24cg, 27bd, 40h, 41hd, 43bd, 46-47h, 48hd, 49cd
Francesca D'Ottavi 42-43, 44, 45h, 46-47b, 48-49
Christian Hook 8-9, 10-11, 12hd, 13bd, 41b, 55
John Lawrence (Virgil Pomfret) 9bd, 10cg, 13hg, 17hd, 23bg, 26hd, 29hd, 31cd, 32hd, 37b, 60-61
Angus McBride (Linden Artists) 22-23, 24hd, 25bd, 26-27
Clare Melinsky 56-59
Nicki Palin 19b, 28-29, 30-31, 31hd, 32b, 33cg
Shirley Tourret (B.L. Kearley Ltd) 12bg, 16hd, 17hg, 18d, 19hd, 20hg et bd, 25hg, 26bl, 30hd, 33hd, 37hg et hd, 45bg, 50bg
Thomas Trojer 38-39
Richard Willis (Linden Artists) 52-53

Symboles et cordages de **John Lawrence**

Crédits photographiques
Pages 5 et 7 **National Maritime Museum**
13 **The Masters and Fellows of Corpus Christi College, Cambridge**
15, 24 et 40 **National Maritime Museum**
43 et 44 **Public Record Office**
49 **Mary Evans Picture Library**
51 **Peter Newark's Historical Pictures**
53 **National Maritime Museum**
54h **The Kobal Collection**
54b **Mary Evans Picture Library**